Ingrid Pernkopf &
Renate Wagner-Wittula

STRUDELEI

Unsere besten Rezepte

Mit Fotografien von Frauke Antholz

Pichler

Inhalt

4
Einleitung

216
Glossar

218
Rezeptregister

160

Die besten Ideen
für die Verwertung
von Strudelresten

168

Strudelteige –
Grundrezepte
und Basiswissen

198

Pikante Garnituren,
süße Saucen
und Cremes

Rezepte

6

Strudel als
Suppeneinlage,
Beilage und
Zwischengericht

48

Strudel als pikantes
Hauptgericht

102

Süße Strudel
von warm bis kalt
zum Vernaschen

Nein, der Strudel wurde nicht in Österreich erfunden – in nahezu allen Weltgegenden schätzt man das reizvolle Versteckspiel von appetitlicher Fülle unter knuspriger Hülle. Doch worin die Strudelköchinnen und -köche der Alpenrepublik wahrlich Weltmeister sind, ist der Einfallsreichtum, mit dem sie pikante oder süße Zutaten mit g'schmackigem Strudelteig umgeben. Da reicht die Bandbreite von deftigem Fleisch- oder Krautstrudel über aparten Fisch- oder Tofustrudel bis zu Klassikern wie Apfel- oder Mohnstrudel. Kaum ein Lebensmittel, das nicht in irgendeiner Weise geeignet wäre, eine schmackhafte Fülle abzugeben. Fisch, Fleisch, Käse, Gemüse, Obst, Schokolade, Nüsse und allerlei Kerne, ja sogar Reste von feinen Braten- oder Gemüsegerichten lassen sich bestens als Füllmasse köstlicher Strudel verwenden. Nachhaltiger geht's wohl kaum!

Strudel machen immer eine gute Figur!

Entsprechend abwechslungsreich ist auch das jeweilige „Einsatzgebiet": Ob als Suppeneinlage oder herzhafter Imbiss, als veritables Hauptgericht, zur Jause oder als verführerisches Dessert – Strudel machen immer eine gute Figur. Bliebe nur die Frage, welcher Teig jeweils einen Part im Pas de deux übernehmen darf. Auch hier bietet die österreichische Strudelvielfalt ein Angebot, das die Wahl mitunter zur Qual macht. Vom knusprigen Strudel- oder Blätterteig über Mürb- oder Plunderteig bis hin zum flaumigen Kartoffelteig reicht die Palette. Selbst gemacht schmeckt jede dieser Varianten natürlich am besten – aber auch wenn Zeit und/oder Lust zum Teigkneten fehlen, darf heute gestrudelt werden: Hochwertige Convenience-Produkte lassen das Ganze zum Kinderspiel werden.

Dieses Buch basiert auf der Ausgabe des „Strudelbuches" von 2012, wurde aber völlig neu bearbeitet und zusammengestellt – die Einflüsse der gesellschaftlichen Veränderungen haben sich, wie wir meinen, wohltuend auf die Rezepte ausgewirkt. Sie zeigen sich nun an moderne Ernährungsgewohnheiten angepasst – so weit wie möglich, aber dennoch behutsam: Gemüse spielt eine größere Rolle, Zutaten wie Tofu, Glasnudeln, Grünkern oder Buchweizen finden feinste Verwendung und auch die Würzung nimmt – je nach Rezept – auf den Zeitgeschmack Rücksicht. Beste Voraussetzungen also für das „pure Strudelvergnügen". Greifen Sie ins Volle, stöbern Sie in unseren Strudelvarianten und kosten Sie sich einfach durch!

Gutes Gelingen!

Strudel als Suppeneinlage, Beilage und Zwischengericht

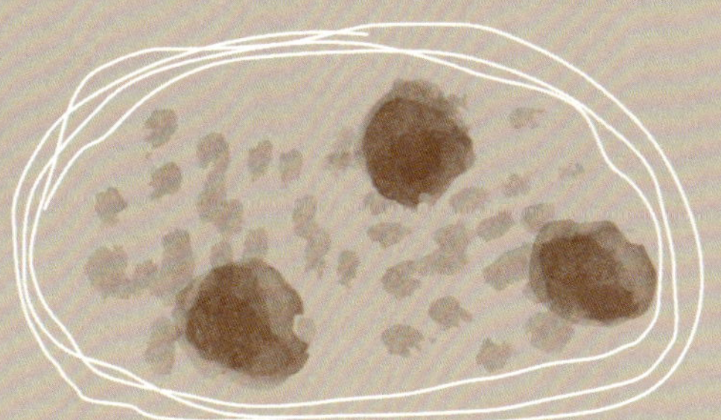

Strudelteigsäckchen

Gezogener Strudelteig,
am besten Fertigprodukt oder
selbst gemacht (s. S. 176)
Fülle nach Belieben (Blutwurst-,
Kraut-, Bohnen-, Grieß-,
Kartoffelfülle etc.)
Butter und Ei oder Eiweiß zum
Bestreichen

1. Strudelteig und Fülle nach Wahl vorbereiten.

2. Den Backofen auf 165–180 °C Heißluft vorheizen, ein Backblech mit Butter bestreichen oder mit Backpapier auslegen.

3. Den Strudelteig in gleich große Quadrate schneiden.

4. Jeweils 2 Quadrate übereinanderlegen und die Ränder mit Eiweiß oder verquirltem Ei bestreichen.

5. Etwas Fülle in die Mitte der Teigquadrate setzen, die Teigecken aufnehmen und in der Mitte zu einem Säckchen zusammendrücken. Die verbliebenen Ränder sollen locker auf dem Säckchen sitzen. Auf das vorbereitete Backblech setzen, mit zerlassener Butter beträufeln und im vorgeheizten Backofen ca. 15–20 Minuten goldgelb backen.

Variationsmöglichkeit

- Die kleinen Strudelsäckchen können auch in mit Butter ausgestrichenen kleinen Formen (Kaffeetassen oder Metallringe) gebacken werden.

TIPP

Ideal als kleiner Imbiss zwischendurch oder als Beilage, je nach Fülle, und kleiner geformt auch als aparte Suppeneinlage

Strudelröllchen

1 Blatt Strudelteig
oder Strudelteigreste
2 EL Oliven
etwas getrocknete,
eingelegte Tomaten
2 Schalotten (oder 1 kl. Zwiebel)
½ EL frisch gehackter Bärlauch
(oder Petersilie etc.)
100 g Topfen
Salz, Pfeffer aus der Mühle
1 Eiweiß zum Bestreichen
Öl zum Ausbacken

Verwendung
Als Einlage für gebundene und klare Suppen

Dieses Rezept stammt von Steffi Kappel aus Gmunden.

1. Die Oliven klein hacken, die getrockneten Tomaten ebenfalls fein schneiden.

2. Schalotten klein schneiden und in etwas Öl anschwitzen.

3. Wieder vom Herd nehmen und mit Tomaten, Oliven, Bärlauch und Topfen vermengen.

4. Mit Salz und Pfeffer würzig abschmecken.

5. Das Strudelblatt in 4 Teile teilen, die Fülle darauf verteilen und die Ränder mit Eiweiß bestreichen. Zu kleinen Röllchen einrollen und in heißem Öl herausbacken.

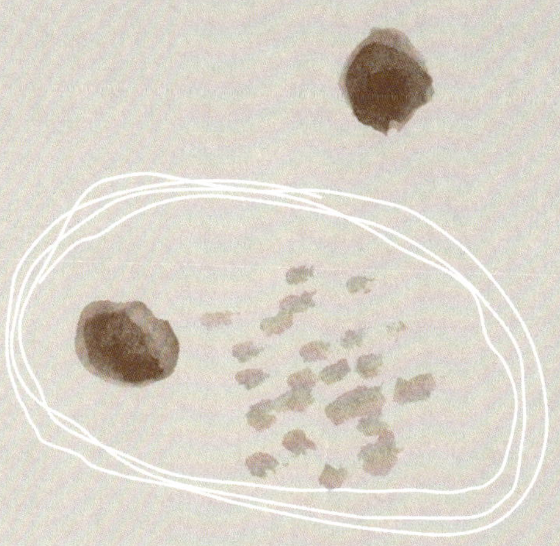

Krabbenstrudel

Gezogener Strudelteig von 150 g Mehl (s. S. 176) oder Teig für asiatische Füllmassen (s. S. 194)

100 g Karotten
300 g Weißkraut
200 g Faschiertes oder gehackte Shrimps
30 g Sesam- oder Erdnussöl (ersatzweise Sonnenblumenöl)
50 g gekochte Glasnudeln
30 g Mungobohnensprossen (oder beliebige Sprossen)
40 ml Sojasauce (oder Soja- mit Worchestersauce gemischt)
20 g Sweet Chilisauce
Salz, Pfeffer aus der Mühle
Chili, gehackter Koriander oder Petersilie nach Belieben
Flüssige Butter zum Bestreichen

1. Teig wie beschrieben vorbereiten.

2. Karotten reiben oder ebenso wie das Weißkraut in feine Streifen schneiden und beides kurz in Öl anschwitzen.

3. Faschiertes beigeben und so lange garen, bis das Fleisch durchgebraten ist (Shrimps nur kurz mitgaren). Abkühlen lassen.

4. Mit den restlichen Zutaten vermengen und würzig abschmecken.

5. Den Backofen auf 165–180 °C Heißluft vorheizen und ein Backblech mit Backpapier auslegen oder mit Butter einfetten.

6. Teig ausziehen, wie beschrieben füllen und einrollen. Mit Butter bestreichen und 35–40 Minuten backen.

TIPP
Der Strudel kann auch im Dampfgarer oder im Dämpfeinsatz des Kochtopfs gegart werden.

Variationsmöglichkeiten

- Mengen Sie in Butter oder Öl angeschwitzte Pilze (Champignons, Eierschwammerl, Austernpilze) unter die Masse.

- Schmecken Sie die Masse mit etwas Rohrzucker süßlich ab und/oder rühren Sie etwas Tomatenmark ein.

- Bereiten Sie kleine Portionsstrudel (Täschchen) zu. Dafür Teig dünn ausrollen, rund oder rechteckig ausschneiden, mit der Fülle belegen, die Ränder mit Eiweiß bepinseln und zusammenklappen. In den Rand nach Belieben mit einer Gabel Muster eindrücken. Täschchen in kochendes Salzwasser einlegen und je nach Größe ca. 5–8 Minuten garen oder in einer beschichteten Pfanne in nicht zu viel Öl goldgelb backen.

- Für Frühlingsrollen kleine Portionsstrudel formen, eventuell kurz tiefkühlen und in heißem Fett schwimmend backen.

Fleischstrudel (Suppeneinlage)

Gezogener Strudelteig von 150 g Mehl (s. S. 176) oder Fertigprodukt

80 g Zwiebelwürfel
400 g grob oder fein gehacktes gebratenes oder gekochtes Fleisch (auch Bratenstücke, eventuell gemischt mit Hartwurst oder Leberkäse)
100 ml Schlagobers
1 EL fein gehackte Petersilie
Salz, Pfeffer aus der Mühle
½ TL Thymian
Prise Muskatnuss gerieben
eventuell Majoran und Knoblauch
1 Ei nach Belieben

30 g Butter, Öl oder Butterschmalz
Butter zum Bestreichen

Dieses Rezept stammt vom „Grünberg-Koch" Florian Hübsch.

1. Strudelteig wie beschrieben vorbereiten.

2. Butter oder Öl in einer Pfanne zerlassen und die Zwiebelwürfel darin hell anschwitzen.

3. Faschiertes darin kurz anbraten. Schlagobers eingießen und etwas einkochen lassen.

4. Petersilie zugeben. Mit Salz, Pfeffer, Thymian, Muskatnuss und nach Belieben auch mit Majoran sowie Knoblauch würzig abschmecken. Etwas abkühlen lassen.

5. Nach Belieben ein Ei einmengen.

6. Den Backofen auf 165–185 °C Heißluft vorheizen, ein Backblech mit Butter einfetten oder mit Backpapier auslegen.

7. Den vorbereiteten Strudelteig dünn ausziehen, die Masse auf etwa einem Drittel des Teiges verteilen, den Rest mit flüssiger Butter bestreichen. Dicke Ränder wegschneiden, Teig seitlich etwas einschlagen und zu einem Strudel einrollen.

8. Auf das Backblech ziehen, mit flüssiger Butter bestreichen und ca. 30 Minuten backen.

9. Herausheben, kurz auskühlen lassen und dann in nicht zu dicke Scheiben schneiden. In heißer Rindsuppe servieren.

TIPP
Der Fleischstrudel kann auch ohne Suppe als Zwischengericht gereicht werden, wozu Salat und eine erfrischende Joghurt- oder Rahmsauce besonders gut passen.

Sauerkrautstrudel mit Camembert

Blätterteig (s. S. 180)
oder Fertigprodukt

ca. 400 g Sauerkraut
60 g fein gehackte Zwiebelwürfel
20 g Butter
etwas Suppe oder Wasser
1 TL Wacholderbeeren
1 Lorbeerblatt
Prise Kümmel gemahlen
250 g Camembert
1–2 EL gehackter Schnittlauch oder Petersilie
Salz, Pfeffer aus der Mühle

Butter und Ei zum Bestreichen

Verwendung
Als aparte Vorspeise, Beilage oder Hauptgericht

1. Blätterteig wie beschrieben vorbereiten.

2. Sauerkraut einige Male durchschneiden.

3. In einem Topf die Zwiebelwürfel in heißer Butter anschwitzen.

4. Sauerkraut dazugeben, mit wenig Suppe oder Wasser aufgießen und Wacholderbeeren, Lorbeerblatt sowie etwas Kümmel zugeben. Zugedeckt bei geringer Hitze ca. 20 Minuten weich dünsten. Am Ende sollte die Flüssigkeit fast gänzlich verdampft sein.

5. Kurz abkühlen lassen.

6. Inzwischen den Käse in kleine Würfel schneiden. Unter das abgekühlte Kraut mischen, mit Schnittlauch vermischen und nochmals würzig abschmecken.

7. Den Backofen auf 165–180 °C Heißluft vorheizen und ein Backblech mit Backpapier auslegen oder mit Butter bestreichen.

8. Teig ausrollen und die Fülle in der Mitte auftragen. Zu einem Strudel einschlagen, Enden verschließen und in die vorbereitete Form legen. Mit verquirltem Ei bestreichen und 35–45 Minuten backen.

9. Eventuell geriebene Kartoffel untermengen.

10. Mit beliebigem Käse variieren.

Gekochter Kalbfleischstrudel mit Spinat

Zutaten für ca. 8–10 Portionen

Für den Teig
125 g Hartweizengrieß
125 g Mehl Typ 480
4 Eier
2 Eigelb
Salz

Für die Fülle
350 g Bauchspeck
250 g Zwiebeln
500 g frischer Blattspinat
3–4 Semmeln
500 g gehackte Kalbsschulter
150 g Kalbsbrät
(beim Metzger erhältlich)
4 Eier
80 g gehackte Petersilie
Salz, Pfeffer

Ei zum Bestreichen

Verwendung
Als feine Einlage für Rindsuppe oder als eigenständiges Gericht mit gerösteten Zwiebeln und brauner Butter oder mit Schnittlauch bzw. beliebigen frischen Kräutern bestreut servieren

1. Für den Teig alle Zutaten mit dem Knethaken einer Küchenmaschine auf kleiner Stufe zu einem glatten Teig kneten, mit der Hand nachbearbeiten und zugedeckt kühl ruhen lassen.

2. Für die Füllmasse Speck kleinwürfelig schneiden, Zwiebeln fein hacken. Den Blattspinat kurz blanchieren (überbrühen), abtropfen lassen und grob schneiden.

3. Speck und Zwiebeln anschwitzen, wieder vom Herd nehmen. Semmeln in der Küchenmaschine fein cuttern (oder sehr fein schneiden).

4. Nun Faschiertes mit Kalbsbrät, Speck-Zwiebel-Masse und Eiern vermengen. Blattspinat sowie Petersilie zugeben und mit den zerkleinerten Semmeln binden. Mit Salz und Pfeffer abschmecken. (Die Masse sollte gut streichfähig sein und muss sofort weiterverarbeitet werden, da die Masse durch die Semmeln rasch anzieht.)

5. Den Teig mit dem Nudelholz (oder einer Nudelmaschine) in lange, 20 cm breite Bahnen dünn ausrollen. In ca. 25 cm lange Stücke schneiden und mit der Füllmasse ca. ½ cm dick bestreichen. Dabei an 3 Seiten ca. 2 cm Rand frei lassen und diesen mit Ei bestreichen. Seitlich einschlagen, zu kleinen Strudeln zusammenrollen und die Enden gut zusammendrücken. Gesalzenes Wasser aufkochen und die Strudel darin ca. 20 Minuten ziehen lassen.

Dieses Rezept stammt aus dem Gasthaus „Maria vom guten Rat" in Gstaig.

Räucherfischstangen

1 Pkg. fertig gekaufte Strudelteigblätter oder 250 g Blätterteig (s. S. 180)

200 g Räucherfisch
80 g zerlassene Butter
2 Eier
200 g Ricotta
1 EL gehackte Dille
10 g (1 knapper EL) Weizengrieß oder Polenta
Salz, Pfeffer aus der Mühle
10 ml Zitronensaft

Verquirltes Ei oder Butter zum Bestreichen

Verwendung
Als Amuse-Gueule, Vorspeise oder als Suppeneinlage

1. Teig vorbereiten.

2. Die Hälfte des Fisches (100 g) mit Butter und Eiern in einer Küchenmaschine (Cutter) zerkleinern bzw. fein vermengen.

3. Restlichen Fisch in Würfel schneiden und mit der gecutterten Fischmasse sowie den restlichen Zutaten gut vermengen. Mit Salz, Pfeffer und Zitronensaft würzig abschmecken.

4. Den Backofen auf 165–180 °C Heißluft vorheizen und ein Backblech mit Backpapier auslegen oder mit Butter einfetten.

5. Nun 2 Strudelblätter übereinanderlegen und in ca. 15 cm große Quadrate schneiden (Blätterteig in Quadrate schneiden). Jeweils einen Esslöffel Fülle (50 g) in die Mitte setzen, die Ränder mit Ei oder Butter bestreichen. Zu Stangen formen und diese am Ende wie ein Bonbon zusammendrehen (siehe dazu das Foto).

6. Auf das Backblech setzen, mit verquirltem Ei oder Butter bestreichen und im heißen Backofen 15–20 Minuten goldbraun backen.

Variationsmöglichkeiten

- Würzen Sie die Füllmasse mit Noilly Prat, Weinbrand, geriebenem Kren, Muskatnuss, Worchestersauce oder fein gehacktem Ingwer.
- Statt der Bonbonform kann der Teig auch zu kleinen Päckchen oder Täschchen geformt werden.
- Formen Sie den Strudel zu kleinen Säckchen und platzieren Sie diese in gebutterte kleine Formen (Tassen, Muffin- oder Silikonformen).

Räucherfischstrudel

Gezogener Strudelteig (s. S. 176)
oder fertiger Strudelteig

200 g Räucherfisch ohne Haut
80 g fein geschnittener Lauch
50 g Butter
100 g Doppelrahmkäse
1 Ei
Salz und Pfeffer
1 EL gehackte Dille

Verquirltes Ei zum Bestreichen
Olivenöl zum Ausbraten

Verwendung
Als aparte Suppeneinlage, aber auch als kleiner Imbiss oder Vorspeise

Dieses Rezept stammt von Gabi & Herbert Strahammer aus dem Restaurant „s' Schulhus" in Krumbach und wird dort gerne als Einlage in einer feinen Krensuppe serviert.

1. Den Strudelteig wie beschrieben vorbereiten.

2. Räucherfisch kleinwürfelig schneiden.

3. Den fein geschnittenen Lauch in heißer Butter farblos anschwitzen. Vom Herd nehmen und wieder auskühlen lassen.

4. Doppelrahmkäse, Ei, Salz sowie Pfeffer zugeben und zuletzt die Fischstückchen unter den Lauch mengen. Mit Dille aromatisieren.

5. Strudelteig in etwa 12 x 5 cm große Stücke schneiden. Mit Ei bestreichen und die Fülle (am besten mit einem Spritzbeutel mit glatter großer Tülle) auftragen. Strudel eng in Form einer Zigarre einrollen.

6. Den Backofen auf 80 °C vorheizen.

7. In einer Pfanne wenig Olivenöl erhitzen und die kleinen Strudel darin rundum kurz anbraten. Im mäßig heißen Backofen etwa noch 5 Minuten nachziehen lassen.

Kartoffelstrudel mit Kräutern

ca. 250 g beliebiger Strudelteig (Vollkorntopfenteig, Topfenmürbteig, Strudelteig von 150 g Mehl, Vollkornstrudelteig oder Fertigprodukt)

180 ml Schlagobers
5–6 Zweige Thymian, Oregano, Rosmarin oder Majoran
ca. 190 ml Milch, Gemüsefond oder Rindsuppe
900 g geschälte, rohe Kartoffeln
3 Eigelb
30 g fein geriebener Parmesan oder würziger Bergkäse
Salz, Pfeffer aus der Mühle
Muskatnuss

Butter und/oder Ei zum Bestreichen

1. Den Teig nach Wahl wie im Grundrezept (s. S. 176) beschrieben vorbereiten.

2. Schlagobers, Thymian (oder andere Gewürze) sowie Milch bzw. Suppe in einen Topf geben. Die rohen Kartoffeln dünn hobeln und unter wiederholtem Umrühren mit dem Gemisch dick einkochen. Je nach Stärkegehalt der Kartoffeln eventuell noch etwas Flüssigkeit zugeben. Zum Schluss sollte kaum noch Flüssigkeit vorhanden sein. Thymianstängel entfernen und die Kartoffelmasse etwas abkühlen lassen.

3. Dann Eigelbe sowie Parmesan zugeben und die Masse mit Salz, Pfeffer und Muskatnuss würzig abschmecken.

4. Auf vorbereitetem Strudelteig die Fülle auftragen, zu einem Strudel einrollen und backen.

5. Den Backofen auf 170–180 °C Heißluft vorheizen und das Backblech mit Butter einfetten (oder mit Backpapier auslegen).

Variationsmöglichkeiten

- Unter die Masse gerührte gehackte Petersilie oder andere Kräuter geben dem Strudel einen frischen Akzent.
- Käseliebhaber werden die Käsemenge noch erhöhen.
- Auch vorgekochtes Gemüse oder Getreide macht sich in der Füllmasse sehr gut.
- Für deftigen Strudelgenuss mischen Sie noch fein würfelig geschnittene, gebratene Speckwürfel, Grammeln oder Schinkenstreifen unter die Masse.

Polentastrudel

Gezogener Strudelteig von
150 g Mehl (s. S. 176)
oder Fertigprodukt

2 Eier
500 ml Milch, Wasser oder
Gemüsefond bzw. -sud
120 g Butter
Salz, Pfeffer aus der Mühle
Thymian, Muskatnuss
150–200 g Polenta (Maisgrieß)
1 EL Maisstärke (Maizena)
Frisch gehackte Kräuter wie
Petersilie, Dille, Majoran
etc. nach Belieben

Butter zum Bestreichen

Verwendung
Als Beilage zu Lamm, Wild, aber auch anderen Fleischgerichten

1. Strudelteig wie beschrieben vorbereiten.

2. Die Eier trennen. In einem Topf die Milch gemeinsam mit Butter, Salz, Pfeffer und je einer Prise Thymian sowie Muskatnuss aufkochen.

3. Polenta einrühren und aufkochen lassen, dabei kräftig rühren. Vom Herd nehmen und quellen lassen.

4. Währenddessen Eiweiße mit Maisstärke steif schlagen.

5. Sobald die Polenta etwas abgekühlt ist, die Eigelbe einrühren und den Schnee unterziehen. Würzig abschmecken und nach Belieben die frisch gehackten Kräuter einrühren.

6. Den Backofen auf 170–185 °C vorheizen, eine Backform oder Backblech mit Backpapier auslegen oder mit Butter einfetten.

7. Strudelteig wie im Grundrezept beschrieben ausziehen, Masse auftragen und zu einem Strudel straff einrollen. Mit flüssiger Butter bestreichen.

8. In eine vorbereitete Form setzen und im vorgeheizten Backofen ca. 30 Minuten hellbraun backen.

Variationsmöglichkeiten

- Je nachdem, wozu Sie den Strudel reichen wollen, können Sie auf das Hauptgericht abgestimmt noch klein geschnittenes, gekochtes Gemüse oder gebratene Pilzwürfel in die Masse einarbeiten.

- Die Zugabe von Käse (gerieben oder in Würfeln) macht die Masse noch fülliger.

- Sie können auch auf die Zugabe von Eigelb verzichten.

- Durch eingemengten Topfen (ca. 100 g) wird die Masse flaumiger, durch 100 g angeschwitzte Frühlingszwiebeln oder Lauchstreifen schmeckt sie würziger.

- Mischen Sie unter die Masse Schinken-, Speck- oder Selchfleischwürfel.

- Für süßen Polentastrudel aromatisieren Sie statt mit Gewürzen mit Vanillezucker, Zitronenschalenpulver und/oder einer Prise Zimt. Dazu mischt man nach Lust und Laune in Rum, Wein, Fruchtsaft oder Wasser eingeweichte getrocknete Früchte wie Dörrzwetschken, Datteln, Feigen oder Rosinen.

- Auch etwas Mohn- oder Nussfülle kann auf die Polentamasse aufgetragen werden, was beim Anschneiden des Strudels einen hübschen optischen Effekt ergibt.

Eierschwammerlstrudel

Gezogener Strudelteig
von 150 g Mehl (s. S. 176)
oder anderer Teig bzw.
Fertigprodukt

400–450 g Eierschwammerl
50 g Butter oder Butterschmalz
120 g Zwiebelwürfel
1–2 gehackte Knoblauchzehen
nach Belieben
eventuell 1–2 EL fein gehackte
Petersilie
3 Eier
150–200 g Topfen
Salz, Pfeffer
1 geh. TL Weizenstärke
1 TL Zitronensaft

Zum Bestreichen
Zerlassene Butter, nach Belieben auch Sauerrahm, Joghurt oder Crème fraîche, mit etwas Wasser oder Milch glatt gerührt

Verwendung
Als Beilage zu Fleischgerichten, aber durchaus auch als eigenständiges Hauptgericht, zu dem grüner Salat sehr gut passt

1. Strudelteig wie beschrieben vorbereiten.

2. Eierschwammerl klein schneiden. Butter erhitzen und Zwiebeln darin glasig andünsten. Schwammerl sowie Knoblauch und Petersilie nach Belieben hinzufügen und so lange dünsten, bis die Flüssigkeit verdunstet ist. (Bei der Verwendung von tiefgekühlten Pilzen kann etwas mehr Flüssigkeit austreten, in diesem Fall überschüssige Flüssigkeit abgießen.) Vom Herd nehmen und abkühlen lassen.

3. Inzwischen die Eier trennen. Dann Eigelbe und Topfen unter die Schwammerl rühren und mit Salz sowie Pfeffer würzig abschmecken.

4. Eiweiße mit Weizenstärke und Zitronensaft zu Schnee schlagen. Behutsam unter die Schwammerlmasse mengen.

5. Den Backofen auf 175–185 °C vorheizen, eine Backform oder Backblech mit Backpapier auslegen oder mit Butter ausstreichen.

6. Strudelteig wie im Grundrezept beschrieben ausziehen, Masse auf einem Drittel des Teiges auftragen, den Rest mit flüssiger Butter bestreichen. Dicke Ränder wegschneiden, Teig seitlich einschlagen und zu einem Strudel einrollen. Die Teigenden gut verschließen und mit der Nahtstelle nach unten auf das Blech legen. Mit flüssiger Butter oder anderer Einstreich-Möglichkeit bestreichen. (Blätterteig etc. ausrollen, füllen, Teigseiten übereinanderschlagen und mit verquirltem Ei bestreichen.) Im vorgeheizten Backofen ca. 35 Minuten backen.

Variationsmöglichkeiten

- Für diese Zubereitung eignen sich auch andere Pilze wie Champignons, Austernpilze oder eine Pilzmischung.
- Mengen Sie 40 g bunte Paprikawürfel unter die Masse.
- Gerät die Füllmasse eher weich, so rühren Sie noch etwas Brösel unter und platzieren Sie den Strudel unbedingt in einer Kastenform.

Pilzstrudel

Gezogener Strudelteig von
150 g Mehl (s. S. 176) oder
ca. 250 g Blätter-, Topfen-
mürbteig oder anderer
beliebiger Teig

500–600 g Pilze nach Belieben
100 g Zwiebeln
60 g Butter oder Butterschmalz
Majoran
2 EL fein gehackte Petersilie

Salz, Pfeffer aus der Mühle
150 g Crème fraîche, Frisch-
käse oder Topfen
ca. 60 g Brösel von entrindetem
Weißbrot (s. S. 214) oder
Semmelbrösel
100 g Speckwürfel nach
Belieben

Butter für das Blech
Ei zum Bestreichen
nach Bedarf

1. Strudelteig wie beschrieben vorbereiten.

2. Pilze schneiden, Zwiebeln fein hacken.

3. Butter schmelzen und einen Teil davon zum Bestreichen des Strudelteiges beiseitestellen. In der restlichen Butter die Zwiebeln anschwitzen, Pilze zugeben und so lange braten, bis die Flüssigkeit verdampft ist. Mit Majoran, Petersilie, Salz und Pfeffer würzig abschmecken.

4. Vom Herd nehmen und abkühlen lassen. Dann Crème fraîche einrühren und mit den Bröseln binden.

5. Den Backofen auf 165 °C vorheizen, eine Backform oder ein Backblech mit Backpapier auslegen oder mit Butter einfetten.

Strudelteig je nach Teigart ausziehen oder ausrollen, einen Teil davon mit Pilzmasse belegen und die Speckwürfel nach Belieben darüberstreuen. Beim Strudelteig dicke Ränder wegschneiden, Teig seitlich einschlagen und zu einem Strudel einrollen. Auf das Blech setzen und mit Butter bestreichen. (Blätterteig ebenfalls einrollen und mit verquirltem Ei bestreichen.) Im vorgeheizten Backofen ca. 35–40 Minuten backen.

Variationsmöglichkeit

- Mengen Sie unter die Pilzmasse auch gekochte Kartoffelwürfel.

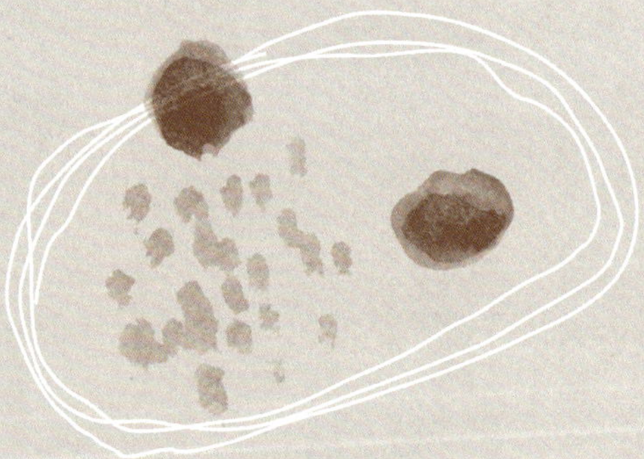

Bohnenstrudel nach Art von Karl Rathmanner

Vollkornmürbteig (s. S. 193) oder anderer Strudelteig nach Wahl

120 g durchzogenes, gekochtes Selchfleisch
100 g Zwiebeln
180 g rohes Sauerkraut
30 g Schweine- oder Butterschmalz, Öl
600 g gekochte Bohnen oder gut abgetropfte Bohnen aus der Dose (Kidney- oder Käferbohnen)
Salz, Pfeffer aus der Mühle
Fein gemahlener Kümmel
1 EL Petersilie

Butter zum Bestreichen

1. Den Teig nach Anleitung vorbereiten.

2. Selchfleisch in Würfel, Zwiebeln fein schneiden. Sauerkraut einige Male durchschneiden. In einer Pfanne Schmalz erhitzen und die Zwiebeln darin hell anschwitzen.

3. Die Hälfte der gekochten Bohnen mit den Händen grob zerdrücken und mit den restlichen Zutaten vermengen. Mit Salz, Pfeffer, Kümmel und Petersilie würzig, d. h. recht kräftig, abschmecken.

4. Den Backofen auf 180 °C vorheizen und eine Backform oder ein -blech mit Backpapier auslegen oder mit Butter einfetten.

5. Strudelteig 40 cm breit (Backblechlänge) und ca. 56 cm lang ausrollen. Wie ausgezogenen Strudelteig mit Butter und der Bohnenmasse bestreichen und einrollen. Mit der Nahtseite nach unten auf das Backblech setzen und im heißen Backofen ca. 40 Minuten backen.

6. Herausheben und portionieren.

Variationsmöglichkeiten

- Würzen Sie die Bohnenmasse – die neutralen Bohnen vertragen eine Menge an kräftigen Gewürzen! – auch mit Kreuzkümmel, Thymian, Majoran, Bohnenkraut, Estragon, Knoblauch, Curry, Paprikapulver, Bärlauch, Basilikum, Dille, Beifuß, Borretsch, Liebstöckel usw.
- Mischen Sie unter die fertige Masse noch 100 g Joghurt, Sauerrahm oder Crème fraîche und 1–2 Eigelb.
- Verwenden Sie statt Sauerkraut blanchierten Kohl oder Frühkraut.
- Eine noch deftigere Note erhält dieser Strudel, wenn Sie anstelle von Selchfleisch leicht angebratene Blut- oder Leberwurst, aber auch klein geschnittene würzige Wurst untermengen.

Bohnenstrudel mit Schafkäse oder Ziegenkäse

Gezogener Strudelteig von
150 g Mehl (s. S. 176)
(Blätter- oder Topfenmürbteig
bzw. Fertigprodukt)

70 g Bacon
150 g Zwiebeln
100 g Weiß- oder Toastbrot,
Semmeln vom Vortag
150 g fester Schafkäse oder
Ziegenkäse
2–3 fein gehackte
Knoblauchzehen
3 Eier
200 ml Sauerrahm
300 g gekochte Bohnen oder
Käferbohnen (evtl. auch
Bohnen aus der Dose)
2 EL fein gehackte Petersilie
Salz, Pfeffer aus der Mühle
Bohnenkraut

Butter bzw. Ei zum Bestreichen

1. Den Teig nach Anleitung vorbereiten.

2. Speck sowie Zwiebeln in feine Würfel schneiden. Weißbrot sowie Käse ebenfalls würfelig schneiden.

3. Speckwürfel in einer Pfanne auslassen, Zwiebeln und Knoblauch zugeben und alles hell anschwitzen. Wieder vom Herd nehmen.

4. In einer Schüssel Weißbrot mit Eiern und Sauerrahm verrühren, mit sämtlichen Zutaten vermengen und sehr würzig abschmecken.

5. Den Backofen auf 195 °C Heißluft vorheizen und eine Backform oder ein -blech mit Backpapier auslegen bzw. mit Butter ausstreichen.

6. Den Strudelteig ausziehen, die Füllmasse wie im Grundrezept beschrieben auftragen und einrollen. Mit der Nahtseite nach unten auf das Backblech setzen und mit Butter bestreichen. (Anderen Teig ausrollen, Fülle in der Mitte auftragen und Teig jeweils übereinanderklappen. Dabei mit Ei bestreichen.)

7. Im heißen Backofen 10 Minuten anbacken, auf 180 °C reduzieren und noch weitere 30 Minuten backen.

Variationsmöglichkeiten

- Verwenden Sie anstelle von Bacon Schinken oder würzige Hartwurst.
- Platzieren Sie etwas blanchierten Spinat als Unterlage unter der Fülle.

Frühlingsröllchen

Zutaten für 8–10 kl. Röllchen
Teig für asiatische Füllmassen
(s. S. 194)

100 g frische Sojasprossen
20 ml (1–2 EL) Erdnussöl
50 g Bambussprossen
aus dem Glas
300 g Faschiertes
100 g fein geschnittenes
Weißkraut
150 g gekochte Glasnudeln
(ca. 50 g rohe Nudeln)
30 ml Sojasauce
20 g (1 EL) Sweet Chilisauce
Salz, Pfeffer aus der Mühle
eventuell etwas Chili

Öl zum Ausbacken

Verwendung
Im Rahmen eines asiatischen Menüs als Vorspeise oder als kleiner Imbiss zwischendurch

Dieses Rezept stammt von Sandra Hummer.

1. Den Teig wie beschrieben vorbereiten.

2. Die Sojasprossen in einer Pfanne in etwas Erdnussöl anschwitzen.

3. Bambussprossen, Faschiertes und Weißkraut dazugeben und alles so lange braten, bis die Flüssigkeit vollständig verdampft ist. Vom Herd nehmen.

4. Dann die gut abgetropften Glasnudeln zugeben.

5. Mit Soja- und Chilisauce, Salz, Pfeffer und Chili würzig abschmecken.

6. Vorbereiteten Teig ausrollen und in kleine Rechtecke schneiden. Jeweils in der Mitte der Länge nach etwas Fülle auftragen, die Seitenränder einschlagen und zu kleinen Röllchen formen. In heißem Fett knusprig ausbacken.

Variationsmöglichkeiten

- Backen Sie die Röllchen im heißen Backofen knusprig.
- Stellen Sie statt mehreren kleinen Röllchen einen großen Strudel her.
- Mischen Sie unter die Masse auch noch 20–30 g Tomatenmark.
- Würzen Sie die Füllmasse mit fein gehacktem Koriandergrün oder Petersilie.
- Verfeinern Sie die Fülle durch einige angeschwitzte Pilze (Champignons, Eierschwammerl, Austernpilze etc.).
- Mischen Sie unter das Weißkraut auch noch etwas geraspelte Karotten.
- Schmecken Sie mit etwas Rohrzucker leicht süßlich ab.

Krautstrudel I

ca. 250 g Kartoffelblätterteig (s. S. 185), anderer Teig oder gezogener Strudelteig von 150 g Mehl (s. S. 176)

50 g Schweine-, Gänse-, Enten- oder Butterschmalz, Butter oder Öl
150 g Zwiebelwürfel
80 g Speckwürfel
900 g in feine Streifen geschnittenes oder grob gehobeltes Weißkraut
ca. 60 ml Rindsuppe oder Wein
10 ml Essig
Kümmel, Majoran
Salz, Pfeffer
eventuell Cayennepfeffer und Thymian
125 g Sauerrahm, Crème fraîche oder Topfen

Zerlassene Butter oder verquirltes Ei zum Bestreichen
Brösel nach Bedarf

1. Den Teig nach Wahl wie beschrieben vorbereiten.

2. In einer Pfanne Schmalz erhitzen und Zwiebeln mit Speck darin hellbraun anschwitzen.

3. Kraut zugeben und kurz rösten, mit Suppe aufgießen, Essig zugeben und ca. 10 Minuten ganz nach Wunsch mehr oder weniger weich dünsten, dabei öfters umrühren und bei Bedarf noch Flüssigkeit nachgießen. Am Ende muss die Flüssigkeit aber gänzlich verdunstet sein.

4. Kraut mit Kümmel, Majoran, Salz sowie Pfeffer und nach Belieben auch noch mit Cayennepfeffer und Thymian würzig abschmecken. Vom Herd nehmen und abkühlen lassen. Dann Sauerrahm untermengen.

5. Den Backofen auf 175–190 °C Heißluft vorheizen und eine Backform oder ein -blech mit Backpapier auslegen bzw. mit Butter einfetten.

6. Den Strudelteig wie im Grundrezept beschrieben ausrollen bzw. ausziehen, die Krautfülle auftragen und zu einem Strudel einrollen oder die Teigseiten zusammenschlagen. (Wird gezogener Strudelteig verwendet, diesen vor dem Auftragen der Masse mit Bröseln bestreuen.) Mit der Nahtseite nach unten auf das Backblech setzen und je nach Teigart mit Butter oder Ei bestreichen. Im heißen Backofen ca. 35–45 Minuten backen.

TIPPS

Die Füllmasse wird kompakter, wenn Sie 1–2 Eier einrühren.

Die Füllmasse kann auch im Voraus zubereitet und erst zu einem späteren Zeitpunkt in den Strudel gefüllt werden.

Variationsmöglichkeiten

- Für Paprikakrautstrudel rühren Sie noch 1–2 TL edelsüßes Paprikapulver unter die angeschwitzten Zwiebeln.
- Für vegetarischen Krautstrudel ersetzen Sie den Speck durch gekochte Gemüsewürfel, wobei diese nicht mitgeröstet, sondern nur am Ende eingerührt werden.
- Mischen Sie noch 1–2 EL fein gehackte Petersilie unter die Masse.

Krautstrudel II

200 g beliebiger Strudelteig (Blätter-, Topfenmürb-, gezogener Strudel- oder Sauerrahmteig oder Fertigprodukt)

150 g Speck
200 g Zwiebeln
Öl, Butter, Butter- oder Schweineschmalz
Prise Zucker
500–600 g fein geschnittenes Weißkraut
etwas Suppe oder Gemüsefond
Kümmel
Schuss Essig
Salz, Pfeffer aus der Mühle

Butter und evtl. Ei zum Bestreichen

Verwendung
Zu deftigen Fleischgerichten, etwa Schweine- oder Surbraten, aber auch als eigenständige Mahlzeit mit kalter Joghurt- oder Sauerrahmsauce, evtl. auch mit Bratensaft

UNSERE KLASSIKER

1. Teig wie im Grundrezept beschrieben vorbereiten.

2. Speck kleinwürfelig, die Zwiebeln fein schneiden.

3. Zwiebeln in heißem Öl oder Schmalz anschwitzen, Speckwürfel zugeben und ebenfalls anrösten. Eine Prise Zucker einrühren und das Kraut untermengen. Mit etwas Suppe oder Fond aufgießen und mit Kümmel würzen. Kraut weich dünsten. Gegen Schluss mit einem Schuss Essig, Salz und Pfeffer abschmecken. Die Flüssigkeit sollte jetzt ziemlich verkocht sein, bei Bedarf einfach abgießen. Kraut vom Herd nehmen und abkühlen lassen.

4. Den Backofen auf 165 °C Heißluft vorheizen, eine Backform mit Butter einfetten oder mit Backpapier auslegen.

5. Den Teig ausrollen, Fülle in der Mitte auftragen, Teigseiten übereinanderschlagen und Enden festdrücken. (Oder Strudelteig ausziehen, Fülle auf einem Teil des Teiges auftragen, Rest mit flüssiger Butter bestreichen, seitlich einschlagen und zu einem Strudel einrollen.) In die Form setzen und mit flüssiger Butter bzw. Ei bestreichen. Im heißen Backofen ca. 35–45 Minuten hellbraun backen.

Variationsmöglichkeiten

- Schmecken Sie das Kraut mit Knoblauch, Cayennepfeffer, Paprikapulver oder Muskatnuss ab.
- Mengen Sie unter das ausgekühlte Kraut anstelle von Speck auch fein geriebenen oder in Würfel geschnittenen Schafkäse, gekochte Gemüse- oder Kartoffelwürfel, gekochte Getreidekörner, Grammeln, Schinkenwürfel, kleine Paprikawürfel, aber auch geröstete Blutwurst- oder Leberwurststücke.
- Für Sauerkrautstrudel verwenden Sie statt Weißkraut Sauerkraut, für Blaukrautstrudel einfach Blaukraut.

Krautstrudel III

Gezogener Strudelteig von
150 g Mehl (s. S. 176)
oder Fertigprodukt

200 g Weißkraut
40 g Bauchspeck
40 g Zwiebeln
Prise Zucker
Salz, Pfeffer
Muskatnuss, ganzer Kümmel
250 ml Schlagobers
1 Eigelb
Geröstete Nüsse und Brösel
nach Bedarf

1 Ei zum Bestreichen
Butter

UNSERE KLASSIKER

1. Den Strudelteig nach Anleitung vorbereiten.

2. Für die Füllmasse das Weißkraut in feine Streifen schneiden und in Wasser blanchieren (überkochen). Abgießen und abtropfen lassen.

3. Bauchspeck und Zwiebeln würfelig schneiden und in etwas Butter hell anschwitzen. Mit etwas Zucker karamellisieren. Weißkraut dazugeben und mitrösten. Mit Salz, Pfeffer, Muskatnuss und Kümmel würzen.

4. Mit Schlagobers ablöschen und 10–15 Minuten köcheln lassen. Dann vom Herd nehmen und abkühlen lassen.

5. Eigelb in das abgekühlte Kraut einmengen, mit gerösteten Nüssen und Bröseln binden.

6. Den Backofen auf 170 °C vorheizen, eine Backform mit Butter einfetten.

7. Strudelteig nach Anleitung dünn ausziehen und mit Butter bestreichen.

8. Fülle auftragen, zusammenrollen und mit der Nahtseite nach unten in die gefettete Form setzen. Mit Ei bestreichen und im heißen Backofen ca. 25 Minuten backen.

TIPPS

Dieser Krautstrudel gibt in Begleitung von Salzkartoffeln und kalter Sauerrahmsauce auch eine veritable Hauptspeise ab.

Für einen vegetarischen Strudel lassen Sie den Speck einfach weg und würzen etwas kräftiger.

Ungarischer Krautstrudel

Pizza-Hefeteig (s. S. 197)
oder Topfenblätter-, Sauerrahm- und Blätterteig

600 g Weißkraut
40 g Butter, Butterschmalz oder Öl
70 g Zwiebelwürfel
1–2 gehackte Knoblauchzehen
150 g Speck- oder Schinkenwürfel
60 g Sauerrahm
2 Eier
ca. 1 Mokkalöffel Salz
Majoran, Thymian
1 TL Kümmel
Pfeffer aus der Mühle
Paprikapulver oder Kreuzkümmel nach Belieben

Ei, Öl, Milch etc. zum Bestreichen

1. Teig nach Anleitung vorbereiten.

2. Das Kraut mit der Hand oder einer Küchenmaschine in mittelfeine Streifen schneiden.

3. Butter oder Öl erhitzen und Zwiebeln, Knoblauch, Speck- oder Schinkenwürfel kurz darin anschwitzen. Kraut zugeben und bei geringer Hitze weich dünsten. Abkühlen lassen.

4. Dann Sauerrahm und Eier zugeben und alles würzig abschmecken.

5. Den Backofen auf 165–180 °C Heißluft vorheizen und ein Backblech mit Backpapier auslegen oder mit Butter einfetten.

6. Den vorbereiteten und aufgegangenen Hefeteig ausrollen, Krautfülle darauf verteilen, zu einem Strudel einrollen und auf das vorbereitete Backblech setzen. Mit Ei, Öl, Milch etc. bestreichen und ca. 30 Minuten backen.

Variationsmöglichkeiten

- Rollen Sie den Strudel nicht ein, sondern tragen Sie die Fülle in der Mitte des ausgerollten Teiges auf und schlagen Sie die beiden Teighälften übereinander.
- Verwenden Sie statt Weißkraut auch fertig gekochtes, gut abgetropftes Sauerkraut und/oder streuen Sie als Einlage Schafkäse und Paprikawürfel auf das Kraut.
- Mischen Sie grob gehackte Walnüsse unter das Kraut.

Blaukrautstrudel

Gezogener Strudelteig von 150 g Mehl (s. S. 176)

500 g Blaukraut
80 g Zwiebelwürfel
1–2 gehackte Knoblauchzehen
40 g Schmalz, Öl, Butter oder Butterschmalz
30 g Feinkristallzucker zum Karamellisieren
60 g rohe Kartoffeln
Zucker zum Abschmecken
Salz, Pfeffer
Muskatnuss
Msp. Nelkenpfeffer (Piment)

Für die Einlage

250 g Apfel- oder Birnenwürfel
Zitronensaft und Zucker
1 TL Ingwerpulver nach Belieben
Butter

Für die Marinade

125 ml Rotwein
125 ml Rindsuppe, Gemüsefond oder -kochwasser
Schale von ½ unbehandelten Zitrone
Prise Zimt
1 Lorbeerblatt
eventuell 30 ml Orangensaft
30 g Preiselbeeren
10 ml Zitronensaft
10 ml Rotwein- oder Weißweinessig

Verwendung

Als eigenständiges Gericht, aber auch als Beilage zu Wild-, Leber- oder Rindfleischgerichten

1. Die Marinade am besten bereits am Vortag zubereiten. Dafür alle Zutaten in einer Schüssel vermengen.

2. Blaukraut mit der Küchenmaschine oder händisch in feine Streifen schneiden und mit der Marinade gut vermischen. Dafür mit der Hand gut durchdrücken (Einweghandschuhe verwenden, Blaukraut färbt ab!). Mit Frischhaltefolie abdecken und über Nacht oder zumindest einige Stunden durchziehen lassen.

3. Dann Zwiebelwürfel und Knoblauch in Schmalz andünsten. Zucker einstreuen und kurz karamellisieren. Blaukraut zugeben und so lange dünsten, bis es bissfest ist und am Schluss die Flüssigkeit gänzlich verdampft ist, währenddessen bei Bedarf noch etwas Flüssigkeit nachgießen.

4. Inzwischen Kartoffeln reiben und das Blaukraut gegen Ende damit binden. Kurz mitdünsten. Abschließend mit sämtlichen Gewürzen pikant abschmecken. Auskühlen lassen.

5. Klein geschnittene Apfel- oder Birnenwürfel in wenig Butter kurz anschwitzen, eventuell mit etwas Zitronensaft beträufeln, damit sie sich nicht verfärben, und mit einer Prise Zucker sowie Ingwer abschmecken.

6. Den Backofen auf 180 °C Heißluft vorheizen und ein Backblech mit Backpapier auslegen oder mit Butter einfetten.

7. Den vorbereiteten Strudelteig dünn ausziehen, Blaukrautfülle auf ein Drittel des Teiges füllen, Apfelwürfel in einem länglichen Strang darauf verteilen und zu einem Strudel einrollen. Auf das vorbereitete Blech setzen, mit flüssiger Butter bestreichen und ca. 40 Minuten backen.

TIPPS

Da geschnittenes Rotkraut an der Luft rasch seine kräftige Farbe verliert, sollte das Kraut sofort nach dem Schneiden mit etwas Zitronensaft oder Rotwein vermischt werden.

Auch beim Kochen von Rotkraut intensivieren Rotwein oder Zitronensaft die schöne Farbe, während Backpulver oder Natron die Schattierung ins Bläuliche verstärken.

Einer von Ingrid Pernkopfs Lieblingsstrudeln

Linsenstrudel mit Speck

250 g Blätterteig (s. S. 180)
oder gezogener Strudelteig
von 150 g Mehl (s. S. 176) oder
beliebiger Teig

200 g gekochte Kartoffeln
400 g gut abgetropfte
Linsen aus der Dose oder
selbst gekocht
100 g Zwiebelwürfel
1–2 fein gehackte
Knoblauchzehen
30 g Butter, Butterschmalz oder
Öl zum Anbraten
1 Ei
1–2 EL fein gehackte Petersilie
Salz, Pfeffer
Thymian
150 g in Scheiben geschnittener
Bauchspeck

Butter und 1 verquirltes Ei
zum Bestreichen

Verwendung
Ideal zu Wildgerichten als Beilage, aber auch als eigenständiges Gericht

1. Den Teig wie beschrieben vorbereiten.

2. Gekochte Kartoffeln durch die Kartoffelpresse oder -wiege drücken.

3. Die Hälfte der Linsen mit einer Gabel andrücken.

4. Zwiebeln und Knoblauch in Butter oder Öl hell anschwitzen und wieder vom Herd nehmen. Mit zerdrückten und ganzen Linsen, Ei sowie der Kartoffelmasse vermengen und mit Petersilie, Salz, Pfeffer und Thymian würzig abschmecken.

5. Den Backofen auf 165–185 °C Heißluft vorheizen, eine Backform mit Butter ausstreichen oder mit Backpapier auslegen.

6. Blätterteig ausrollen, die Speckscheiben in der Mitte auflegen und die Linsenfülle auftragen. Teig zusammenschlagen, mit verquirltem Ei bestreichen und im heißen Backofen ca. 20–30 Minuten, je nach Herd- und Teigart, backen. (Strudelteig wie beschrieben ausziehen, Fülle auf einem Teil davon auftragen, seitlich einschlagen und zu einem Strudel einrollen, mit Butter bestrichen backen.)

Variationsmöglichkeiten

- Schmecken Sie die Linsen noch würziger mit Majoran, Bohnenkraut, Chili, Curry, Tomatenmark oder Kreuzkümmel ab.
- Mengen Sie als bunte Einlage kleine Paprikawürfel unter die Linsen.
- Bestreuen Sie die Linsenfülle noch mit klein geschnittenen Käsewürfeln, Tofu bzw. Mozzarella oder träufeln Sie etwas Sauerrahm darüber.
- Belegen Sie den Teig anstelle von Speck mit Käsescheiben.

Spinatstrudel

200 g Sauerrahm-, Topfenmürb- oder Blätterteig bzw. Fertigprodukt

600 g Blattspinat
250 g fester Schafkäse (Feta) oder Ziegenkäse
200 g Zwiebelwürfel
40 g gehackter Knoblauch
Öl und Butter
1 Ei
Salz, Pfeffer aus der Mühle
Thymian, Basilikum

1 verquirltes Ei oder Öl zum Bestreichen

Verwendung

Als Beilage zu Fisch- oder Fleischgerichten bzw. als eigenständiges Gericht, wozu kalte Joghurtsauce oder warme Rahmsauce besonders gut passt

Dieses Rezept stammt von Ingrid und Heinrich Metz aus Gmunden.

1. Den Teig nach Wahl wie im Grundrezept beschrieben vorbereiten.

2. Blattspinat blanchieren (kurz überbrühen), abtropfen lassen und grob schneiden. Schafkäse kleinwürfelig schneiden.

3. Zwiebeln und Knoblauch in etwas Öl anschwitzen und wieder vom Herd nehmen. Kurz abkühlen lassen. Geschnittenen Spinat, Ei und Schafkäse untermengen und mit Salz, Pfeffer, Thymian sowie Basilikum würzig abschmecken.

4. Den Backofen auf 165–175 °C Heißluft vorheizen, eine Backform (oder Backblech) mit Backpapier auslegen oder mit Butter einfetten.

5. Teig ausrollen und die Fülle in der Mitte auftragen. Zu einem Strudel einrollen, Enden verschließen und in die vorbereitete Form legen. Mit etwas Öl oder verquirltem Ei bestreichen und 35–40 Minuten backen.

Variationsmöglichkeiten

- Verarbeiten Sie statt Blattspinat auch Mangold oder Wirsing.
- Ersetzen Sie den Schafkäse durch Frischkäse, Mascarpone, Ziegenkäse, Mozzarella oder Topfen, aber auch durch Schinkenstreifen oder kurz angebratene Pilze.
- Mengen Sie noch klein gehackte, getrocknete und in Öl eingelegte Tomaten und/oder Oliven unter die Füllmasse.
- Schmecken Sie zusätzlich mit Chili oder Muskatnuss ab.
- Bestreichen Sie den Strudel mit Olivenöl.
- Für Spinatpalatschinken füllen Sie die Spinatmasse einfach in Palatschinken.

Kürbisstrudel I

Gezogener Strudelteig von 150 g Mehl (s. S. 176) oder Fertigprodukt, Blätterteig, Vollkornstrudelteig etc.

500 g Kürbisfleisch (Muskat- oder Hokkaidokürbis, Langer von Neapel)
Salz, Pfeffer aus der Mühle

100 g Zwiebelwürfel
1–2 gehackte Knoblauchzehen nach Belieben
40 g Butter, Butterschmalz oder Sonnenblumenöl
100 g fein gehackte Petersilie
Kümmel, Muskatnuss
2 Eier
200 g Topfen
150 g Sauerrahm
1 TL Maizena
80 g glattes Weizen- oder feines Dinkelmehl
eventuell grob gehackte Kürbiskerne als Einlage

Flüssige Butter zum Bestreichen

1. Teig wie beschrieben vorbereiten.

2. Kürbis in feine Streifen schneiden oder grob raspeln, mit etwas Salz vermengen und in einem Sieb 30 Minuten abtropfen lassen. Dann gut ausdrücken.

3. Zwiebeln und Knoblauch in etwas Butter oder Öl hell anschwitzen, Kürbis zugeben und kurz dünsten. Mit gehackter Petersilie, Salz, Pfeffer, Kümmel sowie Muskatnuss würzig abschmecken und die Flüssigkeit vollständig verdunsten lassen. Vom Herd nehmen und abkühlen lassen.

4. Eier trennen. Eigelbe, Topfen und Sauerrahm unter den Kürbis mengen.

5. Eiweiße mit Maizena zu steifem Schnee schlagen und abwechselnd mit dem Mehl behutsam untermengen. Nach Belieben Kürbiskerne einrühren.

6. Den Backofen auf 170–180 °C Heißluft vorheizen, eine Backform mit Butter einfetten oder mit Backpapier auslegen.

7. Strudelteig wie beschrieben ausziehen, mit flüssiger Butter bestreichen und die Fülle auf einem Teil des Teiges auftragen. Seitlich einschlagen und nicht zu fest einrollen. Auf das Backblech setzen, mit Butter bestreichen und im vorgeheizten Backofen ca. 40–50 Minuten backen. (Blätterteig etc. ausrollen, Fülle auftragen, Teig zusammenschlagen und mit Ei bestrichen backen.)

Variationsmöglichkeiten

- Mischen Sie unter die Kürbisfülle auch 100 g Speck- oder Schinkenwürfel, grüne bzw. rote Paprikawürfel oder fein geriebenen Bergkäse. Auch gekochte Linsen, Getreidekörner oder Hirse machen sich gut in der Fülle.

- Verleihen Sie der Fülle durch Ingwer, Chili, Curry, Lorbeer, Piment oder Thymian jeweils neue Geschmacksnuancen. Eine Prise Zimt und Honig verleihen dabei eine besonders aparte Note.

- Intensivieren Sie die Farbe durch etwas Tomatenpüree oder Paprikapulver.

- Für süßen Kürbisstrudel verzichten Sie auf sämtliche pikante Gewürze, Zwiebel bzw. Knoblauch und aromatisieren stattdessen mit 40–60 g Feinkristall-, Gelb-, Rohr-, Roh- oder Vollzucker, Vanillezucker, Zimt oder Lebkuchengewürz und mischen Sie noch unbehandelte Orangenschale, klein gehackte Datteln, Dörrzwetschken, Feigen sowie eingelegten Ingwer unter.

Kürbisstrudel II

Gezogener Strudelteig
von 150 g Mehl (s. S. 176) oder
beliebiger anderer Teig

700–750 g Kürbisfleisch
(Muskat- oder Hokkaidokürbis,
Langer von Neapel)
Salz, Pfeffer aus der Mühle
30 g Butter, Butterschmalz
oder Öl
100 g feine Zwiebelwürfel
10 g gehackter Knoblauch
100 g Speckwürfel
1 EL fein gehackte Petersilie
Kümmel

Zerlassene Butter
zum Bestreichen

Beilagenempfehlung
Warme Rahmsauce oder kalte Sauerrahm-, Joghurt-Käuter- oder Knoblauchsauce

1. Teig wie beschrieben vorbereiten.

2. Kürbis in feine Streifen schneiden oder grob raspeln, mit etwas Salz vermengen und in einem Sieb 30 Minuten abtropfen lassen. Dann gut ausdrücken.

3. Öl oder Butter in einer Pfanne erhitzen und Zwiebeln, Knoblauch sowie Speck darin hell anschwitzen. Kürbis zugeben, mitrösten und so lange dünsten, bis die Flüssigkeit verdampft ist (siehe Tipp).

4. Masse mit Petersilie, Salz, Pfeffer und Kümmel würzig abschmecken.

5. Den Backofen auf 165–190 °C Heißluft vorheizen, eine Backform mit Butter einfetten oder mit Backpapier auslegen.

Teig ausziehen und Fülle auftragen. Wie beim Kürbisstrudel I beschrieben zu einem Strudel rollen, in die Backform setzen und im heißen Backofen je nach Backofen oder verwendetem Teig ca. 35–45 Minuten backen.

TIPP
Kürbis enthält sehr viel Flüssigkeit, die während des Backens die Fülle bzw. den Teig aufweichen kann. Um dem vorzubeugen, sollten Sie zu weiche Füllmassen bei Bedarf mit Semmelbröseln festigen. Auch 1–2 untergemengte Eier machen die Masse kompakter.

Variationsmöglichkeiten

- Ersetzen Sie den Speck durch Hartwurst, wie Wiener, Braunschweiger etc.
- Für vegetarischen Kürbisstrudel mengen Sie statt Speck gekochte, würfelig geschnittene Kartoffeln, Getreide- oder Maiskörner, aber auch gekochte Gemüsewürfel je nach Marktangebot unter die Masse.
- Tauschen Sie den Speck gegen kleinwürfeligen Schafkäse oder Feta aus und aromatisieren Sie mit Oregano.
- Mengen Sie zusätzlich etwas Sauerrahm unter die Masse.
- Verarbeiten Sie anstelle von Kürbis Zucchini.

Kürbisstrudel III

Gezogener Strudelteig
von 150 g Mehl (s. S. 176) oder
Fertigprodukt

500–600 g Kürbisfleisch
(Muskat- oder Hokkaidokürbis,
Langer von Neapel)
Salz, Pfeffer aus der Mühle
3 Eier
250 g Topfen
70 g zerlassene Butter oder
Butterschmalz
50 g Kürbiskerne (fein gemahlen
oder grob gehackt)
100 g Weizengrieß oder Polenta
½ TL Kümmel
Muskatnuss
1 TL Weizenstärke

Butter zum Bestreichen

Beilagenempfehlung
Rahm-, Dill- oder Tomatensauce

1. Teig wie beschrieben vorbereiten.

2. Kürbis in feine Streifen schneiden oder grob raspeln, mit etwas Salz vermengen und in einem Sieb 30 Minuten abtropfen lassen. Dann gut ausdrücken.

3. Eier trennen. Topfen mit zerlassener Butter, Eigelben, Kürbisfleisch, Kürbiskernen sowie Grieß vermengen und würzig mit Salz, Pfeffer, Kümmel und Muskatnuss abschmecken.

4. Eiweiße mit Stärke zu steifem Schnee schlagen und behutsam unterheben.

5. Den Backofen auf 170–180 °C Heißluft vorheizen, eine Backform mit Butter einfetten oder mit Backpapier auslegen.

6. Teig und Fülle wie bei Kürbisstrudel I beschrieben zu einem Strudel verarbeiten und je nach Teigart 35–45 Minuten backen.

Variationsmöglichkeiten

- Variieren Sie in der Würzung wie beim Kürbisstrudel I beschrieben.
- Mengen Sie noch gehackte Petersilie, Dille oder Basilikum unter die Masse.

Kürbisstrudel IV

Gezogener Strudelteig
von 150 g Mehl (s. S. 176) oder
Fertigprodukt, Vollkornstrudel-,
Blätter-, Topfen- oder
Sauerrahmteig

700 g Kürbisfleisch (Hokkaido-,
Muskat- oder Butternusskürbis,
Langer von Neapel)
Salz, Pfeffer aus der Mühle
150–200 g Lauch
2 Eier
30 g Butter, Butterschmalz
oder Öl
1–2 gehackte Knoblauchzehen
80 g Topfen oder Sauerrahm
Muskatnuss
1 EL fein gehackte Dille
oder Petersilie
1 EL Weizenstärke

etwas zerlassene Butter oder
Milch zum Bestreichen
eventuell grob gehackte
Kürbiskerne

1. Teig wie beschrieben vorbereiten.

2. Kürbis in feine Streifen schneiden oder grob raspeln, mit etwas Salz vermengen und in einem Sieb 30 Minuten abtropfen lassen. Dann gut ausdrücken.

3. Lauch in Ringe schneiden, die Eier trennen.

4. Butter oder Öl in einer Pfanne erhitzen, Lauch und Knoblauch darin hell anschwitzen. Kürbis dazugeben und alles anschwitzen, bis die Flüssigkeit verdunstet ist. Wieder vom Herd nehmen und abkühlen lassen.

5. Nun Eigelbe und Topfen/Sauerrahm in die abgekühlte Masse einrühren. Mit Salz, Pfeffer, Muskatnuss und Dille würzig abschmecken.

6. Eiweiße mit Stärke zu steifem Schnee schlagen und behutsam unter die Kürbismasse mengen. Nach Belieben die Kürbiskerne einrühren.

7. Den Backofen auf 165–190 °C Heißluft vorheizen, eine Backform mit Butter einfetten oder mit Backpapier auslegen.

8. Teig und Fülle wie bei Kürbisstrudel I beschrieben zu einem Strudel verarbeiten und je nach Teigart 30–40 Minuten backen.

Variationsmöglichkeiten

- Verwenden Sie statt Lauch einfach Zwiebeln und statt Kürbis zur Abwechslung auch einmal Zucchini.

UNSERE KLASSIKER

Drei-Farben-Strudel

Gezogener Strudelteig von
150 g Mehl (s. S. 176)
Butter zum Bestreichen

Für die Linsenfülle
100 g gekochte Kartoffeln
200 g gekochte Linsen
20 g Speckwürfel
1 Eigelb
Salz, Pfeffer

Für die Blaukrautfülle
200 g gegartes Blaukraut
(s. Blaukrautstrudel, S. 68)
1 Eigelb
ca. 30 g Semmel- oder
Weißbrotbrösel

Für die Kräuterfülle
150 g gekochte Kartoffeln
3–4 EL frisch gehackte Kräuter
(oder Paste)
50 g Crème fraîche
20 g Grieß
1 Eigelb

Verwendung
Als aparte Beilage oder
eigenständiges Gericht

1. Teig nach Anleitung vorbereiten.

2. Die gekochten Kartoffeln für beide Füllmassen, aber getrennt, durch eine Presse drücken oder fein reiben.

3. Die Zutaten für alle drei Füllmassen jeweils getrennt in einer Schüssel vermengen und würzig abschmecken.

4. Den Backofen auf 165–185 °C Heißluft vorheizen und ein Backblech mit Backpapier auslegen oder mit Butter einfetten.

Den vorbereiteten Strudelteig ausziehen. Nun zwei Füllmassen in Form von zwei getrennten Strängen nebeneinander darauf platzieren und den dritten Strang obenauf legen. Vorsichtig zu einem Strudel zusammenrollen, Enden verschließen und auf das vorbereitete Backblech legen. Mit zerlassener Butter bestreichen und im heißen Backofen ca. 25–35 Minuten backen.

TIPP

Noch schneller lässt sich dieser Strudel zubereiten, wenn Sie als Basis die pikant abgeschmeckte Grießfülle aus dem Rezept für gekochten Grießstrudel (s. S. 131) verwenden, diese dann dritteln und mit beliebigen Kräutern, Kräuterpasten oder Gemüsepüree einfärben.

Strudel als pikantes Hauptgericht

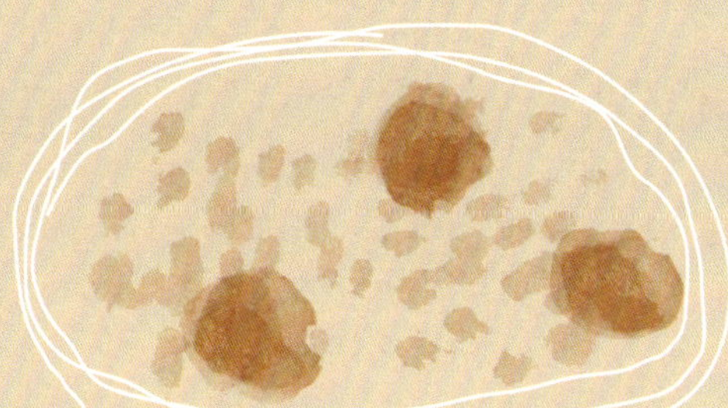

Lauchstrudel

Vollkornstrudelteig (s. S. 179)

300 g gekochte Kartoffeln
400 g Lauch
(nur die hellen Teile)
40 g Butter oder Öl
70 g Zwiebel- oder
Schalottenwürfel
100 ml Rindsuppe oder
Gemüsefond
1 Eigelb
100 g Ricotta, Topfen,
Mascarino oder Mascarpone
Salz, Pfeffer
Prise Muskatnuss

Flüssige Butter

1. Den Teig wie beschrieben vorbereiten.

2. Die gekochten Kartoffeln durch die Presse oder Wiege drücken.

3. Lauch in kleine Würfel oder Streifen schneiden. Butter in einem Topf aufschäumen, Lauch und Zwiebeln darin hell anschwitzen. Mit Suppe oder Fond ablöschen und ca. 10 Minuten dünsten. Gegen Ende sollte die gesamte Flüssigkeit verdampft sein (eventuell abgießen). Abkühlen lassen.

4. Mit den Kartoffeln, Eigelb sowie Ricotta vermengen und mit Salz, Pfeffer und einer Prise Muskatnuss würzig abschmecken.

5. Den Backofen auf 165–185 °C Heißluft vorheizen. Backform (oder Backblech) mit Butter einfetten oder mit Backpapier auslegen.

6. Teig dünn ausrollen, Lauchmasse darauf verteilen, zusammenrollen und Strudel auf das Blech setzen. Mit zerlassener Butter bestreichen und 30–40 Minuten backen.

Variationsmöglichkeiten

- Mengen Sie gekochte bunte Linsen oder Paprikawürfel unter die Masse.
- Ist die Masse noch zu weich, etwas Semmelbrösel einrühren.

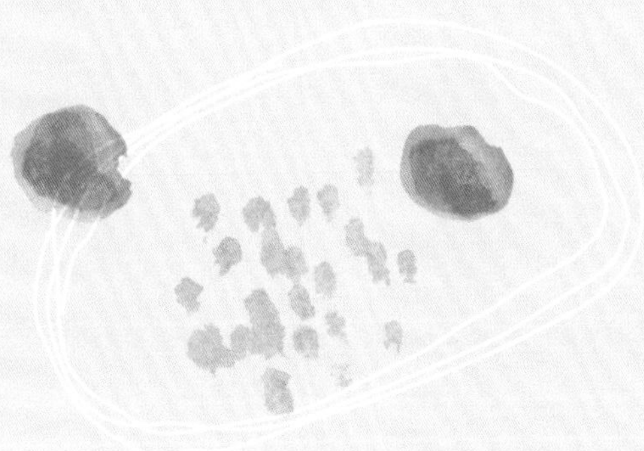

Schwarzwurzelstrudel

Gezogener Strudelteig von
150 g Mehl (s. S. 176) oder
Fertigprodukt

10 g Sesam
100 g Champignons,
Eierschwammerl oder
Shiitakepilze
400 g geschälte
Schwarzwurzeln
100 g geschälte Karotten
1 EL Butter
60 g Jungzwiebelwürfel
10 g fein geschnittener Kerbel
ca. 20 g Semmel- oder
Weißbrotbrösel
Salz, Pfeffer
Prise Cayennepfeffer

Flüssige Butter zum Bestreichen

1. Den Teig wie beschrieben vorbereiten.

2. Sesam in einer beschichteten Pfanne ohne Fett trocken rösten, wieder vom Herd nehmen.

3. Pilze kleinwürfelig, Schwarzwurzeln in Scheiben und Karotten in dünne Streifen schneiden.

4. Butter in einer Pfanne aufschäumen und Zwiebeln darin hell anschwitzen. Karotten, Schwarzwurzeln sowie Pilze zugeben und einige Minuten unter ständigem Rühren andünsten. Wieder abkühlen lassen.

5. Dann mit den restlichen Zutaten vermengen und würzig abschmecken.

6. Den Backofen auf 165–185 °C Heißluft vorheizen. Backform (oder Backblech) mit Butter einfetten oder mit Backpapier auslegen.

7. Strudelteig ausziehen, Fülle darauf verteilen, wie beschrieben einrollen und auf das Backblech setzen. Mit zerlassener Butter bestreichen. Im vorgeheizten Backofen 20–30 Minuten backen.

Variationsmöglichkeiten

- Würzen Sie die Masse zusätzlich mit beliebigem Pesto, Würzpaste oder einer Thai-Gewürzmischung.
- Fügen Sie der Füllmasse noch gekochte, durchgedrückte Kartoffeln, Crème fraîche, Mascarino oder Ricotta bei.
- Für einen Spargelstrudel ersetzen Sie die Schwarzwurzeln durch Spargel.
- Für eine Strudelschnecke legen Sie den gerollten Strudel schneckenförmig in eine ausgefettete Tortenform und bestreuen Sie den Strudel nach Belieben mit Sesam, Kernen oder Nüssen.

Spinatštruklji

(Slowenischer Spinatstrudel)

1 Vollkornstrudelteig (s. S. 179) oder anderer beliebiger Teig (gezogener Strudelteig, Blätter- oder Mürbteig, auch Fertigprodukt)

100 g Zwiebelwürfel
20 g Butter
Gehackter Knoblauch nach Belieben
500 g Blattspinat
Salz, Pfeffer aus der Mühle
2 Eier
ca. 30 g Semmel-, Vollkorn- oder Schwarzbrotbrösel
40–60 g Pinienkerne nach Belieben
Fein geriebene Muskatnuss
150 g Feta (Schafkäse) oder Ziegenkäse

Ei zum Bestreichen

Garniturempfehlung

Joghurt- oder Sauerrahm sowie Naturbratensaft

Verwendung

Als Hauptgericht oder als Beilage zu kurz gebratenem Fleisch oder Fisch

1. Den Teig nach Anleitung vorbereiten.

2. Zwiebeln in Butter hell anschwitzen, Knoblauch nach Belieben zugeben und kurz mitrösten.

3. Spinat in Salzwasser kurz blanchieren (überbrühen), gut ausdrücken und grob hacken.

4. Mit Zwiebeln, Eiern, Bröseln sowie Pinienkernen vermengen. Mit Salz, Pfeffer und Muskatnuss würzig abschmecken.

5. Den Backofen auf 175–185 °C vorheizen, eine Form mit Backpapier auslegen oder mit Butter einfetten.

6. Vollkornstrudelteig ca. 2 mm dick in der Größe von ca. 40 x 55 cm ausrollen.

7. Schafkäse oder Ziegenkäse grob reiben, schneiden oder zwischen den Fingern zerbröseln.

8. Die Spinatfüllung in der Mitte des Teiges auftragen und mit Schafkäse bestreuen. Eine Teighälfte darüberschlagen, mit Ei bestreichen und die zweite Teighälfte darüberschlagen. Abermals mit Ei bestreichen und mit der Nahtseite nach unten in die Backform setzen. Im heißen Backofen 35–45 Minuten backen.

TIPPS

Vermengen Sie die Füllmasse am besten erst nach dem Ausrollen des Teiges, damit sich nicht zu viel Flüssigkeit ansammeln kann und der Strudel zu feucht wird.

Masse auf ausgezogenem Strudelteig verteilen, einrollen, in ein nasses Tuch einschlagen, die Enden gut abbinden und auf jeder Seite ca. 15 Minuten in ausreichend großem Topf kochen.

Variationsmöglichkeiten

- In Slowenien wird der Štruklji meist nicht gebacken, sondern gekocht, wofür dann der passende Strudelteig für gekochten Strudel verwendet wird. Auch die Fülle wird variiert, enthält aber meist eine neutrale Topfenmasse, die den Strudel sowohl als Beilage (vor allem zu Wildgerichten mit Sauce) als auch als süßes Dessert auftreten lässt. Für die süße Variante wird der meist in Scheiben geschnittene Strudel mit Butterbröseln, Nüssen, Mohn und/oder Puderzucker bestreut. Braun aufgeschäumte Butter sollte in keinem Fall fehlen.

Zucchinistrudel

250 g Blätterteig (s. S. 180) oder Topfenmürbteig, gezogener Strudelteig etc.

450 g Kürbisfleisch und/oder Zucchini
100 g Zwiebeln
2–3 Knoblauchzehen
30 g Butter, Sonnenblumen- oder Olivenöl
250 g Schafkäse oder Feta
1 Ei
je ½ TL Thymian und Oregano
eventuell gehackte Dille oder Petersilie
Salz, Pfeffer
Muskatnuss

Verquirltes Ei oder Olivenöl zum Einstreichen

1. Den Teig wie beschrieben vorbereiten.

2. Kürbis bzw. Zucchini kleinwürfelig oder in feine Streifen schneiden. Zwiebeln und Knoblauch fein hacken und beides in Butter oder Öl hell anschwitzen. Kürbiswürfel zugeben und kurz mitrösten, bis die gesamte Flüssigkeit verdampft ist (eventuell abgießen). Abkühlen lassen.

3. Mit würfelig geschnittenem Käse, Ei und Kräutern vermengen. Würzig abschmecken.

4. Den Backofen auf 165–190 °C Heißluft vorheizen. Backform (oder Backblech) mit Butter einfetten oder mit Backpapier auslegen.

5. Blätterteig ausrollen (Strudelteig ausziehen), Fülle auftragen und je nach verwendetem Teig zu einem Strudel einschlagen bzw. einrollen. Auf das Backblech setzen, mit verquirltem Ei oder Olivenöl bestreichen und 30–40 Minuten backen.

TIPPS

Gerät die Masse zu weich, etwas Brösel und/oder gekochte, durchgedrückte Kartoffeln einarbeiten.

Wird gezogener Strudelteig mit Öl eingestrichen, so bekommt er eine besonders knusprige Oberfläche.

Variationsmöglichkeiten

- Verwenden Sie auch einmal geschnittenen Lauch statt Kürbis.
- Mengen Sie fein gehackte Kürbiskerne oder angebratene Speckwürfel unter die Masse.

Kohlstrudel mit Schafkäse

Vollkornmürbteig
(s. S. 193)

350–400 g Kohl
Salz, Pfeffer aus der Mühle
3 mittlere Tomaten
1–2 Knoblauchzehen
Muskatnuss- und Kümmelpulver
1 Ei
60 g geröstete Pinienkerne
1 EL gehackte Petersilie
150 g schnittfester, zerkleinerter Schafkäse (Feta) oder Ziegenkäse

Beliebige Einstreich-Möglichkeiten (s. S. 173)

Garniturempfehlung
Kalte Dip-Saucen aus Joghurt, Sauerrahm etc.

1. Den Vollkornmürbteig nach Anleitung vorbereiten.

2. Kohl in feine Streifen schneiden, waschen und in Salzwasser blanchieren (überbrühen). Kalt abschrecken, abseihen und in einem Küchentuch leicht ausdrücken.

3. Die Tomaten kreuzweise einschneiden, ebenfalls kurz in kochendem Wasser blanchieren und kalt abschrecken. Haut abziehen, halbieren, Kerne entfernen und Tomaten in Viertel schneiden.

4. Kohl mit zerdrücktem Knoblauch, Salz, Pfeffer, Muskatnuss sowie Kümmel würzen. Mit dem Ei, Pinienkernen und der gehackten Petersilie vermengen.

5. Den Backofen auf 180 °C Heißluft vorheizen, eine Backform mit Backpapier auslegen oder mit Butter einfetten.

6. Mürbteig ca. 40 x 35 cm groß ausrollen und die Fülle in der Mitte gleichmäßig auftragen. Mit den Tomatenvierteln belegen und den zerbröselten Schafkäse darüber verteilen. Eine Teighälfte darüberschlagen, mit Ei bestreichen, andere Hälfte darüberlegen und sanft andrücken.

7. Strudel mit der Nahtseite nach unten in die Form legen und im heißen Backofen goldgelb backen.

Hirsestrudel

250 g Blätterteig (s. S. 180) oder Fertigprodukt
Butter und verquirltes Ei zum Bestreichen

Für die Grundmasse
150 g Hirse
300 g Milch, Milch mit Wasser gemischt (Gemüsefond oder Rindsuppe nur für pikante Variante)
2 Eier
30 g weiche Butter
Salz
1 TL Weizenstärke

Für die pikante Variante
150 g nach Geschmack klein geschnittenes, gekochtes beliebiges Gemüse, Speck- oder Schinkenwürfel, Tofuwürfel oder fein geriebener Käse,
etwas Räucherfisch oder gut abgetropfter Thunfisch

Für die mediterrane Variante
getrocknete, eingelegte Tomaten, Oliven, Kapern, Rosmarin, Thymian, eingelegter Schafkäse, Artischocken, Melanzani oder Peperonata, Chili, Zucchini beliebig kombiniert

Zum Abschmecken nach Belieben
Salz, Pfeffer aus der Mühle
Muskatnuss
1–2 gehackte Knoblauchzehen
fein gehackte Petersilie, Dille, Estragon, Liebstöckel, Basilikum, Bärlauch, Thymian, Rosmarin, Majoran, Oregano, Schafgarbe, Kerbel – alles je nach Geschmack und Verfügbarkeit

1. Den Blätterteig wie im Grundrezept beschrieben vorbereiten.

2. Dann die Hirse mehrmals heiß abspülen.

3. Für die Grundmasse die Milch (bei pikantem Strudel auch Fond) in einen Topf gießen und erhitzen. Hirse zugeben und unter wiederholtem Umrühren ca. 10–15 Minuten kochen. Anschließend zugedeckt ausquellen und abkühlen lassen.

4. Eier trennen.

5. In einer Schüssel die Butter mit Eigelben verrühren und unter die ausgekühlte Hirsemasse mengen.

6. Für die pikante Variante nun das Gemüse nach Wahl eventuell mit Räucher- oder Thunfisch vermengen, nach Belieben Käse unterrühren und passend dazu mit Salz, Pfeffer, Knoblauch, Muskatnuss und frisch gehackten Kräutern würzen.

7. Für die süße Variante die würfelig geschnittenen Früchte nach Belieben mit anderen Geschmacksträgern wie Schokolade, Powidl, Rosinen etc. vermengen und mit Zucker oder Honig sowie passenden Gewürzen abschmecken.

8. Den Backofen auf 170–185 °C Heißluft vorheizen. Backblech oder Backform mit Butter einfetten oder mit Backpapier auslegen.

9. Eiweiße mit einer Prise Salz und Weizenstärke zu halbfestem Schnee schlagen und gemeinsam mit der jeweiligen Füllmasse abwechselnd unter die Hirsemasse mengen.

10. Blätterteig ausrollen, Fülle in der Mitte auftragen, Teig übereinanderschlagen und sanft andrücken. Strudel auf das Backblech legen, mit Ei bestreichen und im vorgeheizten Backofen ca. 25–35 Minuten backen.

Variationsmöglichkeiten

- Optisch und geschmacklich noch raffinierter wird der Strudel, wenn Sie als Unterlage etwas blanchierten Blattspinat oder Mangold auf dem Teig verteilen und erst dann die Hirsefülle darauf platzieren.

Gemüsestrudel I

250 g Blätterteig
(s. S. 180) oder gezogener
Strudelteig von 150 g Mehl
(s. S. 176) oder beliebiger
anderer Teig

eventuell 100 g klein geschnittene Pilze nach Belieben
1 EL Öl oder Butter
800 g nicht zu weich
gekochtes, gefällig geschnittenes Gemüse (Karotten, Brokkoli,
Sellerie, Zucchini,
Kürbis, Lauch, Zwiebeln,
Gelbe Rüben, Staudensellerie,
Kartoffeln, Fenchel, Paprika,
Jungzwiebeln, Kohl, Pastinaken,
Schalotten, Kohlrabi, Schwarzwurzeln, Kraut, Fisolen, Erbsen,
Mais, Petersilienwurzel etc.)
3 Eigelb
125 ml Sauerrahm
Salz, Pfeffer aus der Mühle
Muskatnuss
3 Eiweiß
10 g Maizena
1–2 gehackte Knoblauchzehen

Butter und Ei zum Bestreichen

1. Den Teig nach Wahl wie im Grundrezept beschrieben vorbereiten.

2. Nach Wunsch die Pilze in einer Pfanne in etwas Öl oder Butter anschwitzen.

3. 250 g Gemüse mit den Eigelben in einer Küchenmaschine zerkleinern (cuttern). Restliches Gemüse, Pilze sowie Sauerrahm zugeben und mit Salz, Pfeffer, Knoblauch und Muskatnuss würzig abschmecken.

4. Eiweiße mit Maizena und einer Prise Salz zu steifem Schnee schlagen und behutsam untermengen.

5. Den Backofen auf 170–185 °C Heißluft vorheizen. Backblech oder Backform mit Butter einfetten oder mit Backpapier auslegen.

6. Nun den Blätterteig ausrollen und die Fülle in der Mitte auftragen. Teig übereinanderschlagen, Strudel auf das vorbereitete Backblech setzen und mit verquirltem Ei bestreichen. Im vorgeheizten Backofen ca. 30–35 Minuten backen. (Strudelteig wie beschrieben ausziehen, Fülle auf einen Teil des Teiges auftragen, Rest mit flüssiger Butter bestreichen und wie beschrieben zu einem Strudel einrollen. Mit der Nahtstelle nach unten auf das Backblech setzen und backen.)

Gemüse für Ihren Jahreszeitenstrudel

Komponieren Sie je nach Saison und Angebot Ihren persönlichen Gemüsestrudel aus folgenden Zutaten:

- Frühlingsgemüsestrudel: Frühkraut, Kohlrabi, Spargel, Brokkoli, Spinat, Bärlauch, Lauch
- Sommergemüsestrudel: Pilze, Fisolen, Tomaten, Zucchini, Fenchel, Paprika, Auberginen, Erbsen, Mais, Pfefferoni, Mangold, Lauch
- Herbstgemüsestrudel: Kürbis, Kraut, Kohl, Kartoffeln, Steinpilze, aber auch Wurzelgemüse
- Wintergemüsestrudel: Karotten, Kraut, Schwarzwurzeln, Pastinaken, Schalotten, Sprossen, Sellerie, Gelbe Rüben, Petersilienwurzeln, Rote Rüben

Gemüsestrudel II

Beliebiger Strudelteig
nach Geschmack

700–800 g Gemüse (etwa
½ Stange Lauch, 1 Zucchini,
½ Brokkoli, 3 geschälte
Karotten etc.)
Salz, Pfeffer aus der Mühle
250 g Topfen oder Crème fraîche
2 Eier
Muskatnuss

Butter und evtl. Ei
zum Bestreichen

Beilagenempfehlung
Kräuter-, Tomaten-, Kren- oder
Rahmsauce und Blattsalat

UNSERE KLASSIKER

1. Den Teig nach Wahl wie im Grundrezept beschrieben vorbereiten.

2. Gemüse in kleine Würfel schneiden, in kochendem Salzwasser nicht zu weich kochen, kalt abschrecken, abseihen und eventuell zusätzlich auf einem Küchentuch abtrocknen lassen.

3. Ausgekühltes Gemüse mit Topfen und Eiern vermengen (oder ein Viertel des Gemüses mit Eiern und Topfen aufmixen und mit dem restlichen Gemüse vermischen). Mit Salz, Pfeffer sowie Muskatnuss würzen.

4. Den Backofen auf 165–185 °C Heißluft vorheizen. Backblech oder Backform mit Butter einfetten oder mit Backpapier auslegen.

5. Teig wie im jeweiligen Grundrezept beschrieben ausrollen oder ausziehen, Fülle auftragen und zu einem Strudel formen bzw. einrollen. Je nach Teigart mit flüssiger Butter oder Ei bestreichen und im heißen Backofen 30–40 Minuten backen.

TIPP
Gerät die Masse zu weich, so festigen Sie diese am besten mit Grieß, Semmel- oder Weißbrotbröseln.

Variationsmöglichkeiten

- Verfeinern Sie die Gemüsefülle noch durch etwas fein geriebenen würzigen Käse, klein geschnittenen Mozzarella oder Schafkäse.
- Ersetzen Sie einen Teil des Gemüses durch Kartoffelwürfel oder blättrig geschnittene, sautierte (kurz angebratene) Pilze.
- Würzen Sie noch zusätzlich mit Knoblauch, gemahlenem Kümmel und/oder beliebigen Kräutern.
- Mengen Sie gekochte, gut abgetropfte Getreidekörner, Hirse oder Reis unter das Gemüse.

Gemüsestrudel III (mit schneller Kräutersauce)

Beliebiger Strudelteig
nach Geschmack

300 g Karotten, Zucchini und
Kohlrabi gemischt
100 g Erbsen oder Mais
200 g gekochte Kartoffeln
Salz, Pfeffer aus der Mühle
250 g Topfen
4 Eier
eventuell 1–2 EL fein gehackte
Petersilie
Prise Muskatnuss
eventuell 150 g
fein geriebener Käse

Butter und evtl. 1 Ei
zum Bestreichen

Für die Kräutersauce
250 ml Gemüsekochsud
1 Pkg. Kräutergervais
Beliebige fein gehackte Kräuter
Salz, Pfeffer
Hausgemachte Suppenwürze

UNSERE KLASSIKER

1. Den Teig nach Wahl wie im Grundrezept beschrieben vorbereiten.

2. Gemüse in kleine Würfel schneiden und in Salzwasser weich kochen. Etwa 250 ml Kochsud für die Sauce beiseitestellen, Gemüse kalt abschrecken und gut abtropfen lassen (evtl. auf dem Küchentuch).

3. Gemüse, kleinwürfelig geschnittene oder grob zerdrückte Kartoffeln, Topfen und Eier vermengen. Mit Petersilie, Salz, Pfeffer sowie Muskatnuss würzen und nach Geschmack geriebenen Käse unterrühren.

4. Den Backofen auf 165–185 °C Heißluft vorheizen. Backblech bzw. Backform mit Butter ausstreichen oder mit Backpapier auslegen.

5. Teig wie im jeweiligen Grundrezept beschrieben ausrollen oder ausziehen, Fülle auftragen und zu einem Strudel formen bzw. einrollen. Enden verschließen. Je nach Teigart mit flüssiger Butter oder Ei bestreichen und im heißen Backofen 30–40 Minuten backen.

6. Inzwischen für die Kräutersauce den Gemüsesud mit dem Gervais aufkochen und etwas einkochen lassen. Fein gehackte Kräuter unterrühren. Mit Salz, Pfeffer und Suppenwürze abschmecken.

Gemüsestrudel IV

Gezogener Strudelteig von 150 g Mehl (s. S. 176) oder anderer beliebiger Teig wie Blätterteig etc. oder Fertigprodukt

500–550 g bereits geputztes Gemüse nach Geschmack, etwa Karotten, Sellerie, Kartoffeln, Brokkoli, Kürbis, Zucchini, Erbsen, Gelbe Rüben, Mais, Bohnen, Spargel, Schwarzwurzeln, Kraut oder Kohl
2 Eier
125 g Sauerrahm
1–2 zerdrückte Knoblauchzehen
ca. 40 g Brösel von entrindetem Weißbrot (s. S. 214)
Salz, Pfeffer aus der Mühle
Muskatnuss gerieben
frisch gehackte Kräuter (Petersilie, Dille, Bärlauch, Majoran, Thymian) nach Belieben

Ei bzw. flüssige Butter zum Bestreichen
20 g (ca. 1 EL) Maisstärke (Maizena)

Garniturempfehlung
warme Kräuter-, Rahm-, Tomaten- bzw. Käsesauce bzw. kalte Sauerrahmkräuter- oder Joghurtkräutersauce

UNSERE KLASSIKER

1. Den Teig nach Anleitung vorbereiten.

2. Dann das vorbereitete Gemüse bei Bedarf in kleinere Stücke schneiden und nach Garungspunkt gesondert weich kochen. Kochsud abgießen (siehe Tipp) und das Gemüse kalt abschrecken. Wirklich gut abtropfen lassen.

3. Die Eier trennen.

4. Nun das Gemüse mit den Eigelben, Sauerrahm, Knoblauch und Bröseln vermengen, mit Salz, Pfeffer sowie Muskatnuss würzig abschmecken. Ganz nach Geschmack frisch gehackte Kräuter einrühren.

5. Eiweiße mit Maisstärke zu steifem Schnee schlagen und unter die Gemüsemasse heben.

6. Den Backofen auf 165–185 °C Heißluft vorheizen. Eine passende Backform bzw. ein Backblech mit Butter einfetten oder mit Backpapier auslegen.

7. Den Strudelteig wie beschrieben ausziehen, die Gemüsefülle auftragen und zu einem Strudel einrollen. Mit Butter bestreichen und mit der Nahtseite nach unten auf das Backblech setzen. (Blätterteig ausrollen, ebenfalls mit Fülle belegen, einrollen und mit verquirltem Ei bestreichen.)

8. In den Ofen schieben und 35–40 Minuten backen.

TIPP
Mit Ausnahme von Kohl-Kochwasser sollten Sie das Kochwasser nicht weggießen, sondern für Suppen oder Saucen weiterverwenden.

Variationsmöglichkeiten

- Statt entrindetem Weißbrot können auch normale Semmelbrösel verwendet werden, wobei sich in diesem Fall die Menge reduziert, da diese den Strudel fester machen.
- Verwenden Sie statt Sauerrahm auch Crème fraîche, Topfen oder Löffelkäse.
- Bestreuen Sie die Füllmasse vor dem Einrollen noch mit fein geriebenem Käse.
- Besonders bunt sieht der Strudel aus, wenn Sie auch verschiedenfarbige Paprikawürfel in die Einlage einarbeiten.
- Bei zu weicher Masse durch Zugabe von Grieß zusätzliche Bindung geben.

Buchweizenstrudel

250 g Plunder- oder Blätterteig
bzw. beliebig anderer Teig

130 g roher Buchweizen
260 ml Wasser
50–80 g Schalotten- oder Zwiebelwürfel
1–2 gehackte Knoblauchzehen
20 g Butter, Butterschmalz oder Öl
1 Ei
200 g Ricotta, Mascarpone, Mascarino, Topfen, Joghurt oder Sauerrahm
Salz, Pfeffer
Muskatnuss
1–2 EL fein gehackte frische Kräuter (Petersilie, Bärlauch, Basilikum, Kerbel etc.)

Butter und 1 verquirltes Ei zum Bestreichen

Beilagenempfehlung
Rahm-, Joghurt-, Sauerrahm- oder Tomatensauce

Dieses Rezept stammt von Sandra Hummer.

1. Den Teig nach Wahl wie im Grundrezept beschrieben vorbereiten.

2. Buchweizen waschen, mit Wasser weich kochen, bis die Flüssigkeit zur Gänze verdampft ist. Vom Herd nehmen und zugedeckt noch ca. 5 Minuten quellen lassen. (Am Ende sollten ca. 300 g fertig gekochter Buchweizen vorhanden sein.) Abkühlen lassen.

3. Dann Schalotten und Knoblauch in Butter oder Öl hell anschwitzen.

4. Die Hälfte des abgekühlten Buchweizens zerdrücken oder durch den Fleischwolf drehen, mit der zweiten Hälfte Buchweizen vermischen und Ei sowie Ricotta einmengen. Mit Salz, Pfeffer, Muskatnuss und Kräutern würzig abschmecken.

5. Den Backofen auf 165–190 °C Heißluft vorheizen. Backform (oder Backblech) mit Butter einfetten oder mit Backpapier auslegen.

6. Teig ausrollen und die Fülle in der Mitte auftragen. Erste Teigseite über die Fülle schlagen, die zweite darüberlegen, Enden verschließen und Strudel in die Backform setzen. Mit Ei bestreichen und je nach Herd- und Teigart ca. 20–30 Minuten backen. (Strudelteig ausziehen, füllen, einrollen und mit flüssiger Butter bestreichen.)

Variationsmöglichkeiten

- Noch raffinierter schmeckt der Strudel, wenn Sie ganz nach Geschmack fein geriebenen Käse, gebratene Speckwürfel, Schinken- oder gekochte Selchfleischwürfel, etwas Räucherfisch, gebratene Pilze oder gut abgetropften Thunfisch unter die Fülle mengen.
- Für eine mediterrane Variante geben Sie getrocknete, eingelegte Tomaten, Oliven, Kapern, Rosmarin, Thymian, eingelegten Schafkäse, Artischocken, Auberginen, Peperonata, Chili oder Zucchini zu.
- Würzen Sie auch mit Koriander, Thymian, Majoran, Kurkuma, Curry, Gelbwurz, Chili, Kreuzkümmel, Piment.

Karotten-Brokkoli-Strudel

Kartoffelblätterteig mit Hefe
(s. S. 185)

350 g Karottenwürfel
350 g Brokkoliröschen
Salz, Pfeffer aus der Mühle
80 g fein geschnittene Zwiebeln
20 ml Öl oder
1 EL Butterschmalz
250 g Sauerrahm
125 g Joghurt
4 Eier
ca. 1 EL Grieß oder Polenta
Muskatnuss
70 g fester Schafkäse (Feta) nach Belieben

Butter und Ei zum Bestreichen

Verwendung
Ideal als Beilage, aber auch als gesunde kleine Mahlzeit

1. Kartoffelblätterteig wie beschrieben vorbereiten.

2. Karottenwürfel und Brokkoliröschen je nach Garungszeit getrennt in kochendem Salzwasser bissfest kochen. Kalt abschrecken, abgießen und sehr gut abtropfen lassen, dafür eventuell noch auf einem Küchentuch abtropfen lassen.

3. Inzwischen die Zwiebelwürfel in heißem Öl oder Schmalz hell anschwitzen, wieder vom Herd nehmen und auskühlen lassen.
Mit Sauerrahm, Joghurt, Eiern, Grieß sowie einer Prise Muskatnuss, Salz und Pfeffer vermengen und glatt rühren.

4. Gemüse untermengen und nochmals würzig abschmecken.

5. Den Backofen auf 195 °C Heißluft vorheizen. Eine passende Backform oder Backblech mit Butter einfetten oder mit Backpapier auslegen.

6. Kartoffelblätterteig ausrollen und die Füllmasse in der Mitte auftragen.

7. Nach Belieben Käse auf der Küchenreibe grob reiben oder würfelig schneiden und darüber verteilen.

8. Teig zusammenschlagen und den Strudel mit der Nahtseite nach unten auf das vorbereitete Backblech legen. Mit verquirltem Ei bestreichen und zunächst 10 Minuten bei 195 °C anbacken. Dann Hitze auf 180 °C reduzieren und weitere 30 Minuten fertig backen.

Variationsmöglichkeiten

- Nach demselben Rezept lässt sich auch jede andere Gemüsekombination zubereiten.
- Frische Kräuter, wie etwa Dille, Koriander, Kerbel, Thymian oder Petersilie, geben der Füllmasse völlig neue Geschmacksnuancen.
- Weniger intensiv, dafür etwas molliger, schmeckt eingearbeiteter Mozzarella statt Feta oder Ziegenkäse.
- Sättigender wird die Fülle durch Zugabe von Getreidekörnern.

Tofustrudel mit Auberginen

250 g Blätterteig (s. S. 180)
oder Fertigprodukt

200 g Auberginen
ca. 10 ml Zitronensaft
Olivenöl zum Anbraten
Salz, Pfeffer
200 g gekochte Kartoffeln
100 g blanchierter Blattspinat
200 g Tofu
30 ml Kokosmilch, Sahne,
Sauerrahm oder Joghurt
1 Ei

Butter und verquirltes Ei
zum Bestreichen

Dieses Rezept stammt von Sandra Hummer.

1. Den Teig wie beschrieben vorbereiten.

2. Auberginen in 5 mm dicke Scheiben schneiden, mit Zitronensaft beträufeln, damit sie nicht zu schnell braun werden. Kurz abtropfen lassen und in Olivenöl beidseitig anbraten. Wieder herausheben und leicht salzen.

3. Die gekochten Kartoffeln durch eine Presse drücken, den blanchierten (kurz überbrühten) Blattspinat klein schneiden.

4. Die Hälfte des Tofus mit einer Gabel leicht zerdrücken, Rest in kleine Würfel schneiden und alles in eine Schüssel geben. Kokosmilch einrühren, mit den zerdrückten Kartoffeln, Spinat sowie dem Ei vermengen. Mit Salz und Pfeffer würzig abschmecken.

5. Den Backofen auf 165–180 °C Heißluft vorheizen. Eine passende Backform oder ein Backblech mit Butter einfetten bzw. mit Backpapier auslegen.

6. Den Teig ausrollen und die Auberginenscheiben in der Mitte der Länge nach auflegen. Tofumasse darüber gleichmäßig auftragen, Teig zusammenlegen, mit verquirltem Ei bestreichen und den Strudel auf das Backblech legen. Im heißen Backofen 20–30 Minuten backen.

Variationsmöglichkeiten

- Verwenden Sie statt Blattspinat auch einmal Mangold.
- Ersetzen Sie den Tofu durch Feta oder Schaffrischkäse.

Gebackener Grieß-oder Polentastrudel

600 ml Milch
30 g Butter
Salz
200 g Grieß, Polenta oder Hirsegrieß
2 Eier

1 verquirltes Ei zum Bestreichen

Für die Fülle
150 g Schinkenwürfel oder -streifen
100 g Mozzarellawürfel
1–2 EL fein gehackte Petersilie
Oregano
Salz, Pfeffer

Verwendung
Als Hauptgericht, von einer Sauce begleitet, oder als köstliche Suppeneinlage

1. Für den Teig zunächst Milch mit Butter und Salz aufkochen. Grieß einrühren und so lange unter Rühren kochen, bis sich die Masse vom Topfboden löst und gut zusammenhält. Etwas abkühlen lassen.

2. Inzwischen für die Fülle sämtliche Zutaten miteinander vermengen und würzig abschmecken.

3. Den Backofen auf 165–180 °C Heißluft vorheizen. Eine passende Backform oder ein Backblech mit Butter einfetten bzw. mit Backpapier auslegen.

4. Dann die Eier unter die abgekühlte Grießmasse mengen und auf einem aufgeschnittenen Gefrierbeutel oder einer Backmatte ausrollen bzw. mit den Händen auseinanderdrücken.

5. Die vorbereitete Fülle darauf verteilen, einrollen und den Strudel auf das Backblech setzen. Mit Ei bestreichen und ca. 25–30 Minuten backen.

Variationsmöglichkeiten

- Für einen Palatschinken-Grießstrudel streichen Sie die Grießmasse portionsweise auf je eine Palatschinke, straff einrollen, in Frischhaltefolie wickeln und im Wasserbad oder Dampfgarer ca. 20 Minuten garen (ideal als Beilage zu Saucengerichten!).

- Mengen Sie ganz nach Lust und Laune Schinken-, Speck-, Käse- oder Gemüsewürfel, Kräuter, blanchierte Spinat- oder Mangoldblätter, aber auch Schafkäse, Oliven, getrocknete Tomaten, Kapern, gekochte Getreidekörner, kurz angebratene Pilze, gekochte, bunte Linsen, Erbsen oder Mais unter die Grießmasse.

- Für süßen Grieß- oder Polentastrudel reduzieren Sie die Salzmenge und aromatisieren Sie mit Vanillezucker, Zimt, Honig, Ahornsirup, Apfeldicksaft, Ingwer, Anis, Lebkuchengewürz, Zitronen-, Orangen- oder Limettenschale. Fügen Sie zusätzlich eingeweichte Rosinen oder Trockenfrüchte, Marzipan, Maroni, Schokolade, Nougat, in Butter gebratene oder karamellisierte, gut abgetropfte Apfel- oder Birnenwürfel, gemahlene Nüsse oder Mohn unter und servieren Sie den Strudel mit Vanille- oder Fruchtsauce oder Beerenragout.

Kartoffelstrudel

Gezogener Strudelteig von
150 g Mehl (s. S. 176) oder
250 g Blätter-, Sauerrahm- oder
Topfenmürbteig

650 g gekochte Kartoffeln
200 g Topfen
100 g Sauerrahm
2 Eier
Salz, Pfeffer aus der Mühle
Kümmel, Majoran
Frisch gehackte Kräuter
nach Geschmack

Ei bzw. flüssige Butter
zum Bestreichen

Beilagenempfehlung
Rahm- oder Kräutersauce
sowie Blattsalat

1. Den Strudelteig wie beschrieben vorbereiten.

2. Die Hälfte der gekochten Kartoffeln passieren, den Rest kleinwürfelig schneiden und beides vermengen. Mit Topfen, Rahm sowie Eiern vermischen. Mit Kräutern und Gewürzen würzig abschmecken.

3. Den Backofen auf ca. 165 °C Heißluft vorheizen. Backblech bzw. Backform mit Butter einfetten oder mit Backpapier auslegen.

4. Teig wie beschrieben ausziehen oder ausrollen, mit Fülle belegen und zu einem Strudel formen. Auf das Blech legen und mit flüssiger Butter (Blätterteig mit Ei) bestreichen. Im heißen Backofen 35–40 Minuten backen.

Variationsmöglichkeiten

- Besonders apart schmeckt die Kartoffelmasse mit eingearbeiteten Blutwurst- oder Leberwurstscheiben, aber auch mit geräuchertem oder rohem Fisch.

- Für einen intensiveren Geschmack fügen Sie der Fülle auch angeschwitzte Zwiebelwürfel, kurz angebratene Pilze, Käse-, Paprika-, Knoblauch, Oliven- oder Tomatenwürfel, Grammeln mit gehackter Petersilie, angeröstete Speck-, Schinken- oder Selchfleischwürfel zu.

- Würzen Sie mit Dille, Thymian, Basilikum oder Paprikapulver.

- Mischen Sie Eigelb und Eiweiß, mit 1 TL Weizenstärke steif geschlagen, unter.

- Wenn auf dem Markt verschiedenfarbige Kartoffeln (lila, rot, blau, gelb, tiefgelb, rot-weiß marmoriert, siehe auch www.landl-erdaepfel.at) angeboten werden, greifen Sie zu und verwenden Sie diese als Einlage – die Optik wird Sie begeistern!

- Für einen Kartoffel-Zwiebel-Strudel (oder -Lauchstrudel) verarbeiten Sie nur die Hälfte der Kartoffeln und fügen Sie 250 g in Öl angeschwitzte Zwiebel- oder Lauchwürfel stattdessen zu.

Kartoffelroulade-Grundrezept

Zutaten für 2 Hauptspeisen oder 4 kl. Portionen
Fülle nach Wahl:
Siehe folgende Rezepte

Für den Teig
250 g Kartoffeln
70 g Weizen-, feines Dinkelmehl oder Vollkornmehl
1 Eigelb
20 g Butter oder (Butter-)Schmalz
Salz
Prise Muskatnuss
10–20 g Weizengrieß oder Polenta

Butter für Variante II
Eiermilch für Variante IV

Beilagenempfehlung
Je nach Fülle Schinkenrahm-, Kräuter- oder Gemüsesauce, Rot-, Weiß-, Sauer- oder Rahmkraut sowie Blattsalat

Verwendung
Je nach Fülle ist diese Roulade auch als Suppeneinlage für klare Suppen, aber auch als Beilage zu Saucengerichten geeignet

1. Kartoffeln kochen, noch heiß durch die Presse drücken und auskühlen lassen.

2. Mit den restlichen Zutaten rasch zu einem Teig verkneten und rechteckig ausrollen.

3. Auf eine mit Mehl bestreute Serviette legen und zwei Drittel des Teiges mit der Fülle nach Wahl bestreichen. Zu einer Roulade rollen, mit der Serviette umhüllen und die Enden gut verschnüren.

Folgende Fertigstellungsvarianten bieten sich an
Variante I: In kochendes Salzwasser einlegen und ca. 30 Minuten leicht kochen lassen.

Variante II: In eine mit Butter bestrichene Alufolie- oder Frischhaltefolie legen und gut verschlossen ca. 20–25 Minuten pochieren.

Variante III: Mit verquirltem Ei bestreichen, mit einer Gabel einstechen und im vorgeheizten Backofen bei 170–190 °C ca. 25–35 Minuten backen.

Variante IV: Die ungekochte Strudelrolle in ca. 3–4 cm dicke Scheiben schneiden, in eine gefettete Form einschichten und im 165–185 °C heißen Backofen 10 Minuten anbacken. Mit Eiermilch begießen und im Ofen hellbraun fertig backen.

Variationsmöglichkeiten
- Aromatisieren Sie den Teig mit beliebigen Kräutern, Paprikapulver oder Curry.
- Wird der Strudel gebacken, so kann er davor auf Semmelbröseln ausgerollt werden (schöne Kruste!).
- Je nach Fülle belegen Sie diese vor dem Einrollen noch mit Grammeln, hell ansautierten Zwiebelwürfeln sowie Petersilie, aber auch mit geriebenem Käse und Petersilie.
- Wälzen Sie den gekochten Kartoffelstrudel vor dem Servieren in Kürbiskernen.
- Schneiden Sie den fertig gekochten Strudel in Scheiben und braten Sie die Scheiben in etwas Schmalz oder Butter beidseits hellbraun an.
- Übrig gebliebenen Strudel in Scheiben schneiden, panieren und in heißem Fett schwimmend herausbacken.

Kartoffelroulade mit Schwammerlfülle

Zutaten für 2 Hauptspeisen oder 4 kl. Portionen

Kartoffelroulade-Grundrezept (s. S. 72)
20 g Schalotten
150 g Steinpilze, Eierschwammerl oder andere Pilze
1–2 EL Butter- oder Schweineschmalz bzw. Öl
50 ml Schlagobers
Salz, Pfeffer aus der Mühle
1 EL fein gehackte Petersilie

1. Schalotten sowie Pilze fein schneiden und in Butter- oder Schweineschmalz bzw. Öl anbraten.

2. Schlagobers zugießen und einkochen lassen. Mit Salz sowie Pfeffer würzen und mit gehackter Petersilie abschmecken. Masse auskühlen lassen.

3. Vorbereiteten Kartoffelteig ausrollen und wie beschrieben füllen, zusammenrollen und nach Belieben kochen oder backen (s. S. 72).

Kartoffelroulade mit Spinatfülle

Zutaten für 2 Hauptspeisen oder 4 kl. Portionen

Kartoffelroulade-Grundrezept (s. S. 72)
30 g Schalotten
1–2 EL Butterschmalz oder Öl
150 g blanchierter Blattspinat
50 ml Schlagobers
Salz, Pfeffer aus der Mühle
je ½ TL gehackte Petersilie und Bärlauch
1 Eigelb

1. Schalotten fein hacken und in heißem Butterschmalz anschwitzen.

2. Spinat grob schneiden und zugeben. Mit Schlagobers aufgießen und leicht einkochen lassen. Würzig abschmecken. Mit Eigelb binden und auskühlen lassen.

3. Wie im Grundrezept beschrieben weiterverarbeiten.

Kartoffelroulade mit Speckfülle

Zutaten für 2 Hauptspeisen oder 4 kl. Portionen
Kartoffelroulade-Grundrezept (s. S. 72)
40 g Zwiebeln
100 g Speck
1 EL Butter oder Schweineschmalz
50 g Lauchringe
Salz, Pfeffer aus der Mühle
fein gehackte Petersilie

1. Zwiebeln fein, Speck in kleine Würfel schneiden. Speck in einer Pfanne in Butter anbraten, Zwiebeln und Lauch zugeben.

2. Kurz durchrösten. Mit Salz sowie Pfeffer würzen. Auskühlen lassen.

3. Wie im Grundrezept beschrieben weiterverarbeiten.

Kartoffelroulade mit Maronifülle

Zutaten für 2 Hauptspeisen oder 4 kl. Portionen
Kartoffelroulade-Grundrezept (s. S. 72)
170 g Maronipüree (aus der Dose, tiefgekühlt oder selbst gemacht (s. Tipp)
2 cl Kirschwasser

1. Maronipüree mit dem Kirschwasser glatt rühren.

2. Füllmasse auf den vorbereiteten Kartoffelteig auftragen.

3. Einrollen und je nach Belieben backen oder kochen (s. S. 72).

TIPP
Für selbst gemachtes Maronipüree schneiden Sie die Maroni ein, kochen sie ca. 15–17 Minuten in Wasser und schälen sie dann. Passieren oder durch die Kartoffelwiege drücken.

Saiblingsstrudel mit Spinat

ca. 250 g Blätterteig
(s. S. 180) oder Sauerrahmteig
bzw. Fertigprodukt

100 g blanchierter Blattspinat
oder Mangold
50 g Lauch- oder
Schalottenwürfel
50 ml Schlagobers
½ Knoblauchzehe
Muskatnuss
Salz, Pfeffer
Weißbrot- oder Semmelbrösel
nach Bedarf
150 g gut entgrätetes Saiblingsfilet (oder anderes Fischfilet)
als Einlage

Butter oder Öl
Ei zum Bestreichen

Für die Fischfarce
120 g Saiblingsfilet
(oder anderes Fischfilet)
60 ml Schlagobers
Salz, Pfeffer

1. Teig wie beschrieben vorbereiten.

2. Blanchierten Blattspinat klein schneiden. Lauch- oder Schalottenwürfel in Öl hell anschwitzen, Spinat zugeben und mit Obers aufgießen. Kurz einkochen lassen, mit gehacktem Knoblauch, Muskatnuss, Salz sowie Pfeffer würzig abschmecken und abkühlen lassen. Bei Bedarf mit Bröseln etwas fester binden.

3. Für die Farce alle gut gekühlten Zutaten in einer Küchenmaschine cuttern.

4. Fischfilets zwischen einer Frischhaltefolie dünn ausklopfen. Fischfarce aufstreichen und zu Röllchen einrollen.

5. Den Backofen auf 175–185 °C Heißluft vorheizen. Eine passende Backform oder ein -blech mit Butter einfetten bzw. mit Backpapier auslegen.

6. Blätterteig ausrollen, abgekühlte Spinatmasse in der Mitte auftragen und Fischrolle daraufsetzen. Zu einem Strudel zusammenlegen, mit verquirltem Ei bestreichen und auf das Blech setzen. Etwa 20–25 Minuten backen.

Fisch-Kohlrabi-Strudel

Kartoffelblätterteig mit Hefe (s. S. 185) oder gezogener Strudelteig von 150 g Mehl (s. S. 176)

200 g geschälter Kohlrabi (ca. 340 g ungeschält)
350 g entgrätetes Fischfilet (Forelle, Hecht, Saibling, Zander oder Lachs)
250 ml Schlagobers
50 g Sauerrahm
1 Ei
1 EL Pinienkerne oder Pistazien
10 ml Weinbrand
20 ml Portwein
Salz, Pfeffer
Kohlrabiblätter

20 g flüssige Butter zum Bestreichen
1 verquirltes Ei oder flüssige Butter zum Bestreichen

Beilagenempfehlung
Paprika-, Tomaten- oder Dillsauce

1. Teig wie beschrieben vorbereiten.

2. Kohlrabi in kleine Würfel schneiden und kurz bissfest kochen. Abgießen und den Sud dabei auffangen. Kohlrabiblätter in dem heißen Sud kurz überbrühen. Abtropfen lassen.

3. Den Großteil des Fisches (ca. 250 g) klein schneiden und sehr gut gekühlt (eventuell kurz im Tiefkühler leicht anfrieren lassen) mit Obers in einer Küchenmaschine zu einer homogenen Masse cuttern.

4. Den restlichen Fisch in kleine Würfel schneiden. Mit Sauerrahm, Ei, Pinienkernen, Weinbrand, Portwein und Kohlrabiwürfeln unter die Fischfarce mengen. Würzig abschmecken.

5. Den Backofen auf 190–200 °C vorheizen. Backform oder -blech mit Butter ausstreichen bzw. mit Backpapier auslegen.

6. Blätterteig ca. 40 x 30 cm groß ausrollen (Strudelteig ausziehen) und die Kohlrabiblätter in der Mitte auflegen. Mit der Farce bestreichen, zu einem Strudel zusammenlegen bzw. einrollen, mit verquirltem Ei (oder flüssiger Butter) bestreichen und ca. 30–40 Minuten backen.

Variationsmöglichkeiten

- Als Einlage eignen sich auch Shrimps, Räucherlachs oder Garnelen, sautierte, gut abgetropfte Lauch- oder Schalottenwürfel.
- Färben Sie die Masse mit Paprikapulver oder Tomatenmark ein.
- Aromatisieren Sie die Farce zusätzlich mit Zitronensaft, Soja- oder Worchestersauce, Dille, Chilischoten, Petersilie, Ingwer, Koriander, Limettenschale oder Muskatnuss.
- Formen Sie aus der Farce auch Fischnockerl und pochieren Sie diese in Salzwasser oder Fischfond knapp unter dem Siedepunkt (nicht kochen!). Als Suppeneinlage oder Vorspeise servieren.
- Für eine Fischterrine legen Sie eine Terrinenform mit Frischhaltefolie aus und füllen Sie die Farce ein. Im Dampfgarer bei 95 °C ca. 30–40 Minuten pochieren oder im Wasserbad im Backofen bei ca. 155 °C ca. 25–35 Minuten garen.

Forellenstrudel

Gezogener Strudelteig von
250 g Mehl (s. S. 176)

½ Stange junger Lauch
400 g Forellenfilets
(eventuell geräuchert)
50 g weiche Butter
3 Eigelb
500 g Topfen
100 ml Schlagobers
1 TL Ingwer
Salz, Pfeffer
3 Eiweiß
Prise Maizena nach Belieben

Flüssige Butter
zum Bestreichen

Verwendung
Als Hauptgericht mit beliebiger Sauce oder als Vorspeise servieren

Dieses Rezept stammt von Steffi Kappel.

1. Strudelteig vorbereiten.

2. Lauch in feine Streifen schneiden, die Forellenfilets bei Bedarf noch sorgfältig entgräten.

3. Butter mit Eigelben schaumig rühren, Topfen, Obers, Forellenfilets sowie Gewürze zugeben und im Mixer gut zerkleinern (cuttern).

4. Eiweiße mit einer Prise Salz zu festem Schnee schlagen (eventuell wenig Maizena mitschlagen) und mit dem Lauch unter die Fischmasse heben.

5. Den Backofen auf 185–200 °C vorheizen. Eine passende Backform oder ein -blech mit Butter einfetten bzw. mit Backpapier auslegen.

6. Strudelteig ausziehen, Fülle wie beschrieben auftragen und zu einem Strudel einrollen. Auf das Blech setzen, mit flüssiger Butter bestreichen und ca. 30 Minuten backen.

Käsestrudel mit Faschiertem

Gezogener Strudelteig
von 150 g Mehl (s. S. 176)
oder Fertigprodukt

30 g (1–2 EL) Öl, Schweine- oder Butterschmalz
100–150 g klein geschnittene Paprikawürfel (gelb, grün, rot)
150 g Zwiebelwürfel
400–450 g beliebiges Faschiertes (z. B. je zur Hälfte Rind und Schwein oder Kalb, Lamm, Wild, Huhn oder Truthahn bzw. gemischt)
1–2 EL fein gehackte Petersilie
1–2 Eier
150 g fein geriebener Käse (Traunseer, Gmundnerberg, Tilsiter, Emmentaler)
1 EL Semmel- oder Vollkornbrösel nach Bedarf
Salz, weißer Pfeffer

Butter zum Bestreichen
Ei und Obers zum Bestreichen
Kümmel, grobes (Stein-)Salz nach Belieben

Beilagenempfehlung
Joghurt- oder Sauerrahmsauce, Tomaten- oder Kräutersauce, Bratensaft und Blattsalat

1. Strudelteig wie im Grundrezept beschrieben vorbereiten.

2. In einer Pfanne Öl erhitzen und die Paprikawürfel kurz anschwitzen. Wieder herausnehmen. Nun Zwiebelwürfel in die Pfanne geben und hell anschwitzen.

3. Faschiertes zugeben und so lange durchrösten, bis die eventuell austretende Flüssigkeit gänzlich verdampft ist (oder diese vor der Weiterverarbeitung unbedingt abgießen). Fleischmasse gut ausdrücken und abkühlen lassen.

4. Mit Paprikawürfeln, Petersilie, Eiern, Käse und Bröseln nach Bedarf vermengen. Würzig abschmecken.

5. Den Backofen auf 170–180 °C Heißluft vorheizen. Eine passende Backform oder Backblech mit Butter einfetten oder mit Backpapier auslegen.

6. Den Strudel wie beschrieben ausziehen und die Masse darauf verteilen. Zu einem Strudel einrollen und mit der Nahtseite nach unten in die vorbereitete Form setzen.

7. Etwas Obers mit dem Ei verquirlen und den Strudel damit bestreichen. Nach Belieben mit Kümmel und grobem Steinsalz bestreuen. Im heißen Backofen ca. 40 Minuten backen.

Variationsmöglichkeiten

- Statt der Paprikawürferl können Sie auch Oliven (schwarz und grün), Pilzwürfel, geröstete Speckwürfel, gekochte Gemüsewürfel oder Getreidekörner unter die Masse mengen.
- Aromatisieren Sie die Strudelfülle zusätzlich mit Senf, Curry, Cayennepfeffer, Muskatnuss, Majoran, Thymian, Oregano, Rosmarin, Rosenpaprika, Salbei, Worchestersauce, Chili (frisch oder getrocknet) oder Tomatenmark.

Schinken-Käse-Strudel mit Gemüse

250 g Blätterteig (s. S. 180)
oder Topfenblätterteig
bzw. Fertigprodukt

200 g gekochtes Gemüse
nach Geschmack
150 g Topfen
1 Ei
Salz, Pfeffer
Muskatnuss
eventuell 2 EL Petersilie
oder Schnittlauch
150 g Schinkenstreifen
150 g Käsescheiben

Verquirltes Ei und Butter
zum Bestreichen

Beilagenempfehlung
Kalte Paprikasauce, kaltes Ratatouillegemüse oder herzhafter Blattsalat

Nach einem Rezept von Ingrid Pernkopfs Tochter, Claudia Klosterer, aus Wiener Neustadt.

1. Blätterteig wie beschrieben vorbereiten.

2. Den Backofen auf 165–185 °C Heißluft vorheizen. Backform oder -blech mit Butter einfetten bzw. mit Backpapier auslegen.

3. Das gekochte Gemüse mit Topfen und Ei vermengen. Mit Salz, Pfeffer sowie Muskatnuss würzig abschmecken und gehackte Kräuter nach Belieben untermengen.

4. Den Teig ausrollen, Schinkenstreifen auflegen und den Käse darauf verteilen. Auf der Hälfte des Teiges die Gemüsemasse auftragen und zu einem Strudel zusammenrollen. Enden verschließen, mit dem Teigende nach unten auf das Backblech setzen und mit Ei bestreichen. Je nach Herdart ca. 40 Minuten backen.

Schinkenstrudel

ca. 250 g beliebiger Strudelteig nach persönlichem Geschmack (gezogener Strudelteig von 150 g Mehl), aber auch Blätterteig oder Fertigprodukt

100 g Champignons
1 Zwiebel
etwas Butter
250 g Schinken
100 g Edamer, Emmentaler etc.
250 g Sauerrahm
Salz, Pfeffer aus der Mühle
Muskatnuss
Edelsüßes Paprikapulver
Kräutersalz und Cayennepfeffer nach Belieben
Gehackte Petersilie nach Geschmack

Zum Bestreichen
Je nach gewählter Teigart Ei, Milch oder zerlassene Butter

Beilagenempfehlung
Kalte Schnittlauch- oder Sauerrahmsauce, aber auch warme Dillfisolen und Tomatensalat

Dieses Rezept stammt von Irene Lechleitner aus dem Superior Hotel „3 Sonnen" in Serfaus.

1. Teig nach Anleitung vorbereiten.

2. Dann Champignons putzen und feinblättrig schneiden.

3. Zwiebel kleinwürfelig schneiden und in etwas Butter anschwitzen. Champignons zugeben und kurz anbraten. Vom Herd nehmen und kurz abkühlen lassen.

4. Schinken sowie Käse in kleine Würfel schneiden.

5. In einer Schüssel Schinken, Käse und Champignons vermengen. Sauerrahm sowie Salz, Pfeffer, Muskatnuss, Paprika, Cayennepfeffer und Kräutersalz nach Belieben unterrühren. Abschließend mit gehackter Petersilie abschmecken.

6. Den Backofen auf 180 °C vorheizen, die Backform mit Butter einfetten.

7. Teig ausrollen oder ausziehen, Schinken-Käse-Masse auftragen und je nach Teig zu einem Strudel zusammenrollen oder übereinanderschlagen. Mit der Nahtseite nach unten auf das Backblech setzen.

8. Mit Ei, Milch oder zerlassener Butter bestreichen und im heißen Backofen ca. 45 Minuten backen.

Variationsmöglichkeiten

- Verfeinern Sie die Masse durch eingerührte gehackte Kräuter und würzigen Knoblauch.
- Verarbeiten Sie statt Champignons auch andere Pilze der Saison.
- Für saftigen Schinken-Käse-Strudel lassen Sie die Pilze ganz weg und erhöhen Sie dafür die Käsemenge kräftig.
- Etwas üppiger, aber geschmacklich noch feiner, schmeckt der Strudel, wenn Sie statt Sauerrahm Crème fraîche verwenden und/oder noch fein würfelig geschnittenen Speck untermengen.
- Kleine Würfel von Essiggurken, Paprikaschoten und/oder angeschwitzem Lauch lassen den Strudel noch bunter aussehen und pikanter schmecken.

Lungenstrudel

Gezogener Strudelteig von
150 g Mehl (s. S. 176)

500 g Kalbs- oder
Junglammlunge
Salz, Pfeffer
Pfefferkörner, Lorbeerblätter
und Wacholderbeeren
60 g Zwiebeln zum Kochen
200 g Wurzelgemüse
(Petersilienwurzel, Sellerie,
Karotten, Lauch, Gelbe Rüben
oder Pastinaken)
80 g Zwiebelwürfel und 1–2
gehackte Knoblauchzehen
Butter oder Öl
EL fein gehackte Petersilie
1–2 Eier
Majoran, Thymian

1. Lunge in Salzwasser mit Pfefferkörnern, Lorbeerblättern und Wacholderbeeren, Zwiebeln und Wurzelgemüse weich kochen und dann abkühlen lassen.

2. Lunge von Häutchen und groben Röhren befreien und mit dem gekochten Gemüse durch die feine Reibe des Fleischwolfs drehen.

3. Zwiebeln mit Knoblauch in etwas Butter oder Öl hell anschwitzen. Vom Herd nehmen und mit Petersilie sowie den Eiern unter die durchgedrehte Lunge mengen.

4. Mit Salz, Pfeffer, Majoran und Thymian würzig abschmecken.

5. Wie Fleischstrudel füllen und backen.

Variationsmöglichkeiten

- Servieren Sie den in dünne Scheiben geschnittenen Strudel als klassische Einlage in einer kräftigen Rindfleischsuppe oder als Hauptgericht mit pikanter Kräuter-, Rahm- oder Tomatensauce.
- Würzen Sie die Masse noch mit Zitronenschale, Senf, Rosmarin, Worchestersauce, Sojasauce, Selleriegrün, Basilikum, Muskatnuss, Kümmel, Zimt, Liebstöckel, Minze, Kerbel, Beizkraut oder hausgemachter Suppenwürze.

Fleischstrudel

Gezogener Strudelteig (s. S. 176) oder 200–250 g Blätter-, Sauerrahm-, Kartoffelblätter- oder Topfenteig

150 g Zwiebelwürfel
500–600 g fein gehacktes oder durch den Fleischwolf gedrehtes rohes Fleisch vom Lamm, Rind, Kalb oder Wild
ca. 100 ml Rindsuppe (oder Gemüsefond, Rotwein)
2–3 gehackte Knoblauchzehen
1–2 EL gehackte Petersilie
Majoran oder Rosmarin
Salz, Pfeffer aus der Mühle
Cayennepfeffer
2 Eier oder Crème fraîche nach Bedarf

Butter und verquirltes Ei zum Bestreichen
Öl

Beilagenempfehlung
Kalte Schnittlauch-Joghurt-Sauce, Rahm- oder Kräutersauce, Blattsalate oder Vogerlsalat mit Kartoffelsalat vermischt

Verwendung
Als Hauptgericht oder in dünnere Scheiben geschnitten als Suppeneinlage

1. Den Teig vorbereiten.

2. Zwiebeln in heißem Öl anschwitzen, zerkleinertes Fleisch zugeben und kräftig anbraten. Mit Suppe aufgießen und die Flüssigkeit zur Gänze einkochen lassen. Auskühlen lassen. Dann mit Knoblauch, Petersilie sowie den Gewürzen würzig abschmecken. Hat die Masse zu wenig Bindung, Eier einrühren, ist sie zu trocken, etwas Crème fraîche einrühren.

3. Den Backofen auf 165–185 °C Heißluft vorheizen. Backform oder -blech mit Butter einfetten bzw. mit Backpapier auslegen.

4. Strudelteig wie beschrieben ausziehen, füllen, einrollen und vorsichtig mit dem Teigende nach unten auf das Backblech legen. Mit flüssiger Butter bestreichen und ca. 40–45 Minuten backen. (Blätterteig ausrollen, füllen, Teig zusammenschlagen und mit Ei bestrichen backen.)

Variationsmöglichkeiten

- Verwenden Sie statt rohem Fleisch bereits gegarte Bratenreste, eventuell gemischt mit etwas Hartwurst wie Braunschweiger, Wiener oder andere würzige Wurst, und drehen Sie diese nicht zu fein durch. Dann Zwiebeln und Knoblauch in reichlich Öl oder Butterschmalz anschwitzen und abgekühlt mit allen Zutaten vermengen. Ist die Masse zu trocken, noch etwas Bratensaft, Suppe oder Schmalz untermengen.
- Vermischen Sie das Fleisch auch mit durchgedrehter Wurst, Beuschel oder Leberkäse oder mit gekochten Kartoffeln, beliebigem gekochtem Gemüse oder gekochtem Weizen (Dinkelreis, Hafer, Buchweizen oder Grünkern).
- Würzen Sie mit Thymian, Lorbeerblättern, Liebstöckel, Wacholderbeeren, Salbei, Muskatnuss, Minze oder Kümmel.

Kohlstrudel mit Lamm

Gezogener Strudelteig
von 150 g Mehl (s. S. 176) oder
anderer beliebiger Teig bzw.
Fertigprodukt

80 g Zwiebelwürfel
2–3 klein geschnittene
Knoblauchzehen
30 g Olivenöl zum Anbraten
400 g durch den Fleischwolf
gedrehte Lammschulter oder
durchgedrehter Lammhals
1 Eigelb
Salz, Pfeffer
Rosmarin, Oregano, Thymian

Butter zum Bestreichen

Für die Kohlfarce
400 g Kohl
80 ml Schlagobers
30 g Butter
1 Ei
1 Eigelb
Salz, Pfeffer
Muskatnuss

Beilagenempfehlung
Minze-, Tomaten-, Zwiebel- oder
Rahmsauce

1. Teig vorbereiten.

2. Zwiebeln und Knoblauch in Öl hell anrösten. Lammfleisch zugeben und kurz durchrösten, abkühlen lassen. Mit Eigelb vermengen und mit Salz, Pfeffer sowie den Kräutern würzig abschmecken.

3. Für die Kohlfarce den Kohl in feine Streifen schneiden und in Salzwasser blanchieren (kurz überbrühen). Abtropfen lassen. Mit Obers und Butter in einen Topf geben und dünsten, bis die Flüssigkeit völlig eingekocht ist. Vom Herd nehmen und abkühlen lassen. Ei sowie Eigelb untermengen und würzig abschmecken.

4. Den Backofen auf 170–185 °C Heißluft vorheizen. Backform oder -blech mit Butter einfetten bzw. mit Backpapier auslegen.

5. Strudelteig ausziehen und ein Drittel des Teiges mit Kohlfarce belegen, Lammfülle darauf verteilen, restlichen Teig mit flüssiger Butter bestreichen und zu einem Strudel einrollen. Auf das Backblech legen, mit Butter bestreichen und ca. 35–45 Minuten backen.

Variationsmöglichkeiten

- Braten Sie nur die Hälfte des Lammfleisches an und mengen Sie das restliche Fleisch roh unter.
- Verwenden Sie auch Kalbfleisch und/oder Kraut oder Mangold.
- Würzen Sie das Fleisch eventuell noch mit Minze oder Salbei.
- Mengen Sie als Einlage noch klein geschnittene Kapern, Oliven, in Öl eingelegte, abgetropfte Tomaten, ansautierte Pilze oder Paprikawürfel unter.

Kalbfleischstrudel

Gezogener Strudelteig von 150 g Mehl (s. S. 176) oder anderer beliebiger Teig bzw. Fertigprodukt

500 g durch den Fleischwolf gedrehtes Kalbfleisch (von Schulter, Hals oder Brust) ohne Sehnen
100 g Zwiebelwürfel
1–2 fein geschnittene Knoblauchzehen
ca. 125 ml Jus oder Bratensaft (ersatzweise Rindsuppe)
Salz, Pfeffer
Muskatnuss, Thymian
1 Eigelb

Zerlassene Butter zum Bestreichen
Olivenöl oder Butter zum Anbraten

Für die Krauteinlage
1 kleiner oder ½ Krautkopf (ca. 400–450 g)
Salz, Pfeffer
1 Ei
80 g Sauerrahm oder Crème fraîche
Majoran, Muskatnuss
Kümmelpulver

Beilagenempfehlung
Kren-, Sauerrahm-, Paprika-, Pilz-, Lauch-, Joghurt- oder Zwiebelsauce

1. Teig vorbereiten.

2. Das Kalbfleisch in heißem Öl mit Zwiebeln und Knoblauch anschwitzen. Mit Jus oder Bratensaft aufgießen und so lange anrösten, bis die Flüssigkeit vollständig verdampft ist. Mit Salz, Pfeffer, Muskatnuss und Thymian würzig abschmecken. Masse abkühlen lassen. Dann Eigelb einmengen.

3. Kraut vom Strunk befreien und die einzelnen Blätter in kochendem Salzwasser blanchieren (überbrühen). Kalt abspülen, gut abtropfen und auf einem Küchentuch trocknen lassen. 3–4 Blätter zur Seite legen, das restliche Kraut in feine Streifen schneiden, mit Ei sowie Sauerrahm vermengen und würzig abschmecken.

4. Den Backofen auf 170–185 °C Heißluft vorheizen. Backform oder -blech mit Butter ausstreichen bzw. mit Backpapier auslegen.

5. Strudelteig ausziehen, auf einem Drittel des Teiges die Krautblätter auflegen, Krautfülle auftragen und darüber die Fleischfülle verteilen. Dabei so verfahren, dass die Fleischfülle beim Einrollen mit der Krautfülle und den Krautblättern umgeben ist. Zu einem Strudel einrollen, auf das Blech setzen und mit Butter bestreichen. In den Ofen schieben und ca. 40–45 Minuten backen.

Variationsmöglichkeiten

- Mischen Sie noch Petersilie, Oliven, Kapern, getrocknete, in Öl eingelegte Tomaten, sautierte Eierschwammerl, gekochtes Gemüse oder rosa Pfefferkörner unter das zerkleinerte Fleisch.
- Verarbeiten Sie auch Lammfleisch (mit Minze, Oregano, Rosmarin würzen), aber auch Wildfleisch (mit Thymian, Majoran, Rosmarin, Nelkenpfeffer, Zimtpulver, Wacholder und fein gemahlenen, getrockneten Preiselbeeren gewürzt).
- Ersetzen Sie das Kraut durch Kohl oder Mangold.

Leberwurststrudel

Gezogener Strudelteig von
150 g Mehl (s. S. 176) oder
ca. 250 g Blätter- oder Topfenteig bzw. Fertigprodukt

70 g Semmelwürfel oder Knödelbrot
100 ml Rindsuppe oder Milch
30 g Schweine- bzw. Butterschmalz oder Öl
80 g Zwiebelwürfel
1–2 fein gehackte Knoblauchzehen
600 g Leberwurst ohne Haut
1 Ei
1 Eigelb
150 g Sauerkraut oder gedünstetes, gut abgetropftes Weißkraut
Salz, Pfeffer
Majoran
eventuell etwas unbehandelte, fein geriebene Zitronenschale

Butter zum Bestreichen
(oder Ei bei anderem Teig)

Beilagenempfehlung
Warmer oder kalter Krautsalat, Sauerkraut

1. Strudelteig wie beschrieben vorbereiten.

2. Die Semmelwürfel mit Suppe oder Milch übergießen und etwas ziehen lassen.

3. Schmalz oder Öl in einer Pfanne erhitzen und Zwiebelwürfel sowie Knoblauch darin hell anschwitzen.

4. Leberwurst in Stücke teilen, zugeben und durchrösten. Vom Herd nehmen und abkühlen lassen.

5. Dann die eingeweichten Semmelwürfel, Ei, Eigelb und das klein geschnittene Sauerkraut unter die Wurstmasse mengen. Mit den Gewürzen pikant abschmecken.

6. Den Backofen auf 170–195 °C Heißluft vorheizen, Backform oder Backblech mit Butter einfetten bzw. mit Backpapier auslegen.

7. Strudelteig wie beschrieben ausziehen und die Fülle auf einem Teil des Teiges auftragen, dicke Ränder wegschneiden, Seitenränder etwas einschlagen und zu einem Strudel einrollen. Mit der Nahtstelle nach unten in die Backform setzen und mit flüssiger Butter bestreichen. (Blätterteig etc. ausrollen, Fülle auftragen und Teig übereinanderschlagen. Mit Ei bestreichen.)

8. Je nach verwendetem Teig ca. 25–35 Minuten backen.

Variationsmöglichkeit

- Verarbeiten Sie anstelle von Semmelwürfeln gekochte, kleinwürfelig geschnittene Kartoffeln.

Blunzenstrudel

Gezogener Strudelteig von 150 g Mehl (s. S. 176) oder ca. 250 g Blätter- oder Topfenteig bzw. Fertigprodukt

600–700 g Blunzen ohne Haut (Blutwurst)
30 g Schweineschmalz oder Öl
100 g fein geschnittene Zwiebelwürfel
1–2 fein gehackte Knoblauchzehen
2 Eier
250 g gekochte, würfelig geschnittene Kartoffeln
etwas fein geriebene Schale einer halben unbehandelten Zitrone
Salz, Pfeffer aus der Mühle
Majoran, Piment, Koriander
eventuell 1 EL fein gehackte Petersilie

Butter evtl. auch Ei zum Bestreichen

Beilagenempfehlung
Warmer oder kalter Krautsalat, Sauerkraut, Blattsalat, Kren- oder Krautsauce, kalte Sauerrahmsauce mit Kräutern oder Knoblauch

1. Strudelteig wie beschrieben vorbereiten.

2. Blunzen klein schneiden. Das Fett in einer Pfanne erhitzen und Zwiebelwürfel mit Knoblauch darin hell anschwitzen. Wurststücke zugeben und durchrösten. Vom Herd nehmen und abkühlen lassen.

3. Dann Eier sowie Kartoffelwürfel untermengen.

4. Mit abgeriebener Zitronenschale, Salz, Pfeffer, Majoran, Piment und Koriander würzig abschmecken. Nach Belieben Petersilie untermengen.

5. Den Backofen auf 170–195 °C Heißluft vorheizen, Backform oder Backblech mit Butter einfetten bzw. mit Backpapier auslegen.

6. Strudelteig dünn ausziehen. Masse auf einem Drittel des Teiges gleichmäßig auftragen, restlichen Strudel mit zerlassener Butter bestreichen, dicke Teigränder abschneiden, Seitenränder leicht nach innen einschlagen und zu einem Strudel locker einrollen. Mit der Nahtstelle nach unten auf das Backblech setzen und mit flüssiger Butter bestreichen. (Blätterteig etc. ausrollen, Fülle auftragen und Teigenden zusammenklappen. Mit Ei bestreichen.)

7. Im heißen Backofen je nach Teigart ca. 25–35 Minuten backen.

Variationsmöglichkeiten

- Ersetzen Sie die Kartoffelwürfel durch in 125 ml Suppe oder Milch eingeweichte Semmelwürfel (100 g).
- Belegen Sie die Blunzenmasse vor dem Einrollen in der Mitte noch mit etwas ungekochtem oder fertig gegartem, gut abgetropftem Sauerkraut.
- Füllen Sie den Strudel auch einmal mit fertigem Blunzengröstl – ein Genuss!
- Für Blunzenstrudelteigsäckchen schneiden Sie am besten fertig gekaufte Strudelteigblätter in gleich große Quadrate und legen Sie jeweils 2 Blätter übereinander. Etwas Fülle in die Mitte der Teigquadrate setzen, etwas Sauerkraut oder gedünstetes Kraut darauf anrichten. Die Teigecken aufnehmen und in der Mitte zu einem Säckchen zusammendrücken. Die verbliebenen Ränder sollen locker auf dem Säckchen sitzen. Auf ein vorbereitetes Backblech setzen, mit zerlassener Butter beträufeln und bei 165–180 °C goldgelb backen.

Blunzenstrudel mit Früchtekraut

Gezogener Strudelteig von 150 g Mehl (s. S. 176) ersatzweise Fertigprodukt

500 g Blunzen ohne Haut (Blutwurst)
Schmalz zum Braten
2 fein gehackte Schalotten
50 g Speck
Salz, Pfeffer
Majoran
1 EL Kren

Butter und Eigelb zum Bestreichen

Für das Früchtekraut
1 kleiner Kopf Weißkraut
Salz, Pfeffer
100 ml Rote-Bete-Saft
Weinessig
Zucker
50 g Dörrmarillen
50 g Dörrzwetschken
50 g Rosinen
¼ l Primus Carnuntum (oder anderer Grüner Veltliner)

Garniturempfehlung
Mit etwas Honig verrührter Sauerrahm

Dieses Rezept stammt von Adi Bittermann, Patron im gleichnamigen Restaurant in Göttlesbrunn.

1. Strudelteig wie beschrieben vorbereiten.

2. Blunzen in gleichmäßige Stücke schneiden.

3. Etwas Schmalz in einer Pfanne erhitzen und Schalotten darin hell anschwitzen. Speck würfelig schneiden und zugeben. Wurststücke einmengen und alles zusammen kurz durchrösten.

4. Mit den Gewürzen abschmecken, Kren untermengen und die Masse zur Seite stellen.

5. Den Backofen auf 180–185 °C Heißluft vorheizen, Backform oder Backblech mit Butter einfetten oder mit Backpapier auslegen.

6. Den Strudelteig wie beschrieben auf einem bemehlten Tuch ausrollen und dünn ausziehen. Wurstmasse im unteren Drittel auftragen, restlichen Teig mit flüssiger Butter bestreichen, dicke Ränder wegschneiden, seitlich einschlagen und zu einem Strudel zusammenrollen. Mit der Teignaht nach unten auf das Backblech setzen, mit Eigelb oder flüssiger Butter bestreichen und im vorgeheizten Ofen ca. 15–20 Minuten goldgelb backen.

7. Herausheben und auskühlen lassen.

8. Für das Früchtekraut vom Kraut die äußeren Blätter entfernen. Kraut mithilfe der Brotmaschine in ganz feine Streifen schneiden. Leicht einsalzen, mit Rote-Bete-Saft übergießen, salzen, pfeffern und mit einem Schuss Weinessig sowie einer Prise Zucker abschmecken. 10 Minuten ziehen lassen.

9. Inzwischen das Dörrobst fein hacken und mit Weißwein aufkochen, beiseitestellen.

10. Das Kraut nach der Ruhezeit abgießen und mit der Weißwein-Früchte-Mischung gut vermengen. Eventuell nochmals abschmecken, sodass ein angenehmes Verhältnis zwischen süß und sauer gegeben ist.

11. Abgekühlten Blunzenstrudel in 2 cm dicke Scheiben schneiden, in heißem Schmalz auf beiden Seiten scharf knusprig braten. Früchtekraut anrichten und die knusprigen Blunzenscheiben daraufsetzen.

TIPP

Falls der Strudel „aus der Form" geraten ist, noch warm mithilfe einer Alufolie in die richtige Form bringen und erst dann auskühlen lassen.

Sauerkraut-Blunzen-Strudel

Zutaten für 2 Strudel
Für den Topfen-Blätterteig
250 g kalte Butter
250 g glattes Mehl
250 g Topfen
Salz, Zucker

Ei zum Bestreichen

Für die Fülle
4 mittelgroße säuerliche Äpfel
1 EL Butter
1–2 EL Feinkristallzucker
ca. 125 ml Weißwein
4 Stk. Blunzen
250 g rohes Sauerkraut

Beilagenempfehlung
Sauerkraut und leichte Kräuterrahmsauce

Dieses Rezept stammt aus dem Gasthaus „Maria vom guten Rat" in Gstaig.

1. Für den Teig zunächst die kalte Butter in kleine Würfel schneiden und mit den restlichen Zutaten in der Rührmaschine mit dem Knethaken auf kleiner Stufe zu einem glatten Teig kneten. Auf einer bemehlten Fläche ca. 1 cm dick ausrollen, links und rechts auf ein Drittel zusammenschlagen (siehe Blätterteigtouren S. 17). In Frischhaltefolie gewickelt 30 Minuten kühl ruhen lassen. Nochmals ausrollen und wie vorher zusammenschlagen, wieder in Frischhaltefolie wickeln und 30 Minuten kühl ruhen lassen.

2. Inzwischen die Äpfel schälen, Kerngehäuse entfernen und in 1 cm dicke Scheiben schneiden. Butter in der Pfanne erhitzen und Zucker darin karamellisieren. Mit Weißwein ablöschen, etwas einkochen lassen und dann die Äpfel darin kernig weich dünsten. Blunzen häuten, jeweils zweimal der Länge nach durchschneiden und wie folgt füllen und wieder übereinander zusammensetzen: Blunzen – Sauerkraut – Apfelscheiben – Blunzen – Sauerkraut – Apfelscheiben – Blunzen (ergibt 4 zusammengesetzte Blunzen). Fest andrücken.

3. Nun den Teig halbieren und auf einer bemehlten Fläche ½ cm dick ausrollen. 2 gefüllte Blunzen der Länge nach auf den Teig setzen. Teig mit Ei bestreichen und die Blunzen gut in den Teig einschlagen. Seitlich überstehenden Teig abschneiden, für die Verzierung in Streifen schneiden und zur Seite legen. Zweite Teighälfte ebenso verarbeiten.

4. Den Backofen auf 200 °C vorheizen, Backblech mit Backpapier auslegen.

5. Strudel mit der überlappenden Seite nach unten auf das Blech legen. Mit verquirltem Ei bestreichen und mit den vorbereiteten Teigstreifen dekorativ belegen. Nochmals mit Ei bestreichen und ca. 25 Minuten backen.

Pizzastrudel

Pizza-Hefeteig (s. S. 197) oder Topfenblätter-, Sauerrahm- oder Blätterteig

30–40 g Zwiebelwürfel
30 g Ketchup (oder Tomatenmark bzw. -sauce) zum Bestreichen
150–200 g Schinkenstreifen
100 g gemischte Paprikawürfel
100 g fein geriebener, würziger Käse oder Mozzarella
40 g gekochte Maiskörner
40 g blättrig geschnittene Champignons
Salz, Pfeffer
Oregano
Thymian und Rosmarin nach Belieben

Butter und Olivenöl zum Bestreichen

1. Pizza-Hefeteig wie beschrieben vorbereiten und gehen lassen.

2. Währenddessen die Zwiebelwürfel ganz nach Belieben in Wasser blanchieren (überbrühen), in Olivenöl anschwitzen oder unbearbeitet lassen.

3. Den Backofen auf 165–185 °C Heißluft vorheizen, Backform oder Backblech mit Butter einfetten bzw. mit Backpapier auslegen.

4. Pizzateig auf einem bemehlten Strudeltuch rechteckig ausrollen, die Hälfte des Strudels dünn mit Ketchup bestreichen und sämtliche Zutaten darauf gleichmäßig verteilen.

5. Mit Salz, Pfeffer, Oregano, Thymian und Rosmarin nach Belieben würzen.

Zu einem Strudel einrollen. Mit der Nahtstelle nach unten auf das vorbereitete Backblech setzen und mit Olivenöl oder Butter bestreichen. Im heißen Backofen ca. 30 Minuten backen.

Variationsmöglichkeiten

- Variieren Sie bei der Auflage ganz nach Lust und Laune. So können Sie auch Schinken mit Salami und/oder Speck mischen.
- Für einen vegetarischen Pizzastrudel lassen Sie den Schinken zur Gänze weg und verwenden Sie dafür mehr Gemüse, wofür sich auch blanchierte Auberginen- und Zucchiniwürfel, gekochte Brokkoli- oder Romanescoröschen eignen.
- Der Strudel muss nicht eingerollt werden, die Fülle kann man auch in der Mitte auftragen, die beiden Teighälften können übereinander zusammengeschlagen werden.

Mediterraner Hefeteigstrudel

Für den Hefeteig
220 g feines Dinkelmehl
110 g Weizenvollkorn-, Dinkelvollkorn- oder beliebiges Vollkornmehl
½ Pkg. Trockenhefe oder ½ Würfel Frischhefe
ca. 150 ml warmes Wasser
1 Ei
25 ml Öl
Salz

Verquirltes Ei zum Bestreichen

Für die Fülle
100 g Frühlingszwiebeln
1–2 Knoblauchzehen
200 g geschälte Tomaten
2 EL Olivenöl
200 g gemischte Paprikawürfel
Salz, Pfeffer
Oregano, Thymian oder Majoran, Rosmarin, Basilikum
200 g Mascarino oder Mascarpone
1 Ei
60–80 g Brösel

Garniturempfehlung
Rahm-, Basilikum- oder Tomatensauce sowie Blattsalat

1. Für den Hefeteig alle Zutaten in einer Rührschüssel vermengen und zu einem glatten Teig verarbeiten. Zu einer Kugel formen und mit Frischhaltefolie abgedeckt ca. 30 Minuten bei Raumtemperatur gehen lassen.

2. Inzwischen für die Fülle Zwiebeln und Knoblauch fein hacken. Tomaten klein würfeln.

3. Öl in einer Pfanne erhitzen und Zwiebeln mit Knoblauch darin hell anschwitzen. Paprika sowie Tomaten zugeben und so lange andünsten, bis die Flüssigkeit fast gänzlich verdampft ist. Würzig abschmecken und abkühlen lassen. Erst dann Mascarino sowie Ei einrühren und mit den Bröseln binden.

4. Teig auf einer leicht bemehlten Arbeitsfläche zu einem Rechteck von ca. 40 x 35 cm (je nach Blechgröße) ausrollen und auf ein Tuch, Backpapier oder eine Backmatte legen. Auf einem Drittel des Teiges die Fülle verteilen, Teigende mit verquirltem Ei bestreichen und mithilfe der Unterlage zu einem Strudel einrollen.

5. In einem breiten Topf Salzwasser aufkochen.

6. Ein passendes Baumwolltuch leicht mit Mehl einstäuben, den Strudel darauf platzieren und nicht zu fest in das Tuch einrollen (der Teig geht beim Kochen auf). Das Tuch an beiden Enden mit einem Spagat oder Silikonband verschließen. Strudel ins kochende Wasser einlegen und ca. 15–20 Minuten leicht köcheln lassen. Strudel umdrehen und weitere 15 Minuten fertig kochen.

7. Heiß aus dem Tuch lösen und auftragen.

Variationsmöglichkeiten

- Aromatisieren Sie den Teig zusätzlich mit Oregano, Thymian, Rosmarin, Petersilie oder Basilikum und kombinieren Sie ihn auch mit jeder anderen beliebigen Fülle.
- Setzen Sie den Strudel auf ein vorbereitetes Blech, bestreichen Sie ihn mit verquirltem Ei und backen Sie ihn bei 175 °C ca. 30 Minuten.

Pikanter Couscous-Strudel

250 g Blätterteig
(s. S. 180) oder Topfenmürbteig,
Strudelteig von 150 g Mehl

200 g Couscous
400 ml heißes kräftig gesalzenes Wasser (oder Gemüsefond, Milch mit Wasser gemischt)
50 g Zwiebelwürfel
40 g Butter oder beliebiges Öl
250 g Sauerrahm, Crème fraîche, Topfen oder Mascarino
2 Eier
Salz, Pfeffer
eventuell geriebene Muskatnuss
50 g grüne, eingelegte, abgetropfte Pfefferkörner

Verquirltes Ei oder zerlassene Butter zum Bestreichen

Verwendung

Als eigenständiges Gericht, aber auch als Suppeneinlage oder als Beilage zu Rind,- Lamm- und Wildgerichten mit Sauce

1. Blätterteig wie beschrieben vorbereiten.

2. Couscous mit kochendem Salzwasser übergießen und mindestens 10 Minuten quellen lassen, ab und zu umrühren.

3. Währenddessen Zwiebelwürfel in einer Pfanne mit Butter hell anschwitzen.

4. Couscous mit Zwiebeln und den restlichen Zutaten vermengen und würzig abschmecken.

5. Den Backofen auf ca. 165–180 °C Heißluft vorheizen, eine Backform oder ein Backblech mit Butter einfetten oder mit Backpapier auslegen.

6. Teig ausrollen, Fülle auftragen und Teig zusammenschlagen. Auf das Blech legen, mit Ei (Strudelteig mit Butter) bestreichen und ca. 35–45 Minuten backen.

Variationsmöglichkeiten

- Mischen Sie Geschmacksträger unter die Couscous-Masse, wie etwa Kräuter, beliebiges gekochtes Gemüse, Paprikawürfel, Pilze, Speck- oder Schinkenwürfel, Räucherfisch, Thunfisch, (Räucher-)Tofu oder fein geriebenen Käse.

- Für eine mediterrane Variante aromatisieren Sie mit getrockneten, eingelegten Tomaten, Oliven, Kapern, Rosmarin, Thymian, eingelegtem Schafkäse, Artischocken, Auberginen, Peperonata, Chili oder Zucchini.

- Für süßen Couscous-Strudel verzichten Sie auf die pikante Geschmacksnote und ersetzen Sie das Wasser etwa durch Wein, Apfel- oder beliebigen Fruchtsaft. Arbeiten Sie karamellisierte Apfel- oder Birnenwürfel, Marillen, Zwetschken, Pfirsiche, Heidelbeeren, Ananaskompott, Schokoladen- oder Nougatstücke, Rumrosinen, Powidl, Nuss- oder Mohnfülle und/oder marinierte Dörrfrüchte ein. Aromatisiert wird in diesem Fall mit Vanillezucker, Vanillemark, Feinkristall-, Gelb-, Roh-, Rohr- oder Vollzucker, Ahornsirup, Honig, Zitronen- und/oder Orangenschale, Zimt, Koriander, Fenchel, Anis, Lebkuchengewürz, Ingwer und Rum.

Süße Strudel von warm bis kalt zum Vernaschen

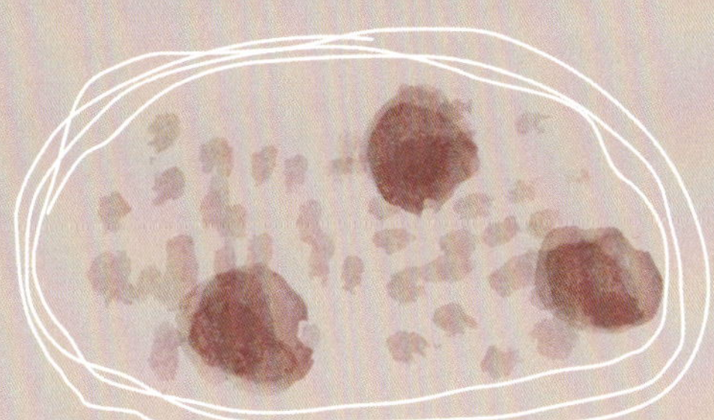

Apfelstrudel I

Gezogener Strudelteig aus 150 g Mehl (s. S. 176), ersatzweise 250 g Blätter-, Plunder-, Topfen-, Kartoffelblätter- oder Sauerrahmteig oder Fertigprodukt

50 g zerlassene Butter zum Bestreichen (oder nach Bedarf Milch bzw. verquirltes Ei)
Öl für den Teig
Puderzucker zum Bestreuen

Für die Butterbrösel
50 g Butter
50–70 g Brot-, Semmel-, Keks-, Lebkuchen-, Biskuit-, Brioche- oder Kuchenbrösel, je nach Vorrat
50 g fein geriebene oder grob gehackte Hasel-, Walnüsse, Nussmischung, Kürbiskerne oder Mohn nach Belieben

Für die Apfelfüllmasse
800 g geschälte, entkernte, blättrig geschnittene Äpfel (ca. 1 kg brutto Cox Orange, Boskop, Gravensteiner, Jonathan, Elstar)
50–90 g Feinkristall-, Gelb- , Roh-, Rohr- oder Gelierzucker, je nach Säure der Äpfel
etwas Zimt
20 g Vanillezucker
30–50 g in Rum oder Läuterzucker eingeweichte Rosinen, Korinthen oder Sultaninen
2 cl Rum
1–2 cl Zitronensaft und/oder unbehandelte Zitronenschale

Garniturempfehlung
Vanilleeis, Schlagobers, Vanillesauce

1. Strudelteig wie beschrieben vorbereiten und bei Zimmertemperatur 30 Minuten ruhen lassen.

2. Inzwischen in einer Pfanne die Butter schmelzen und die Brösel nach Wahl hell anrösten (nicht zu dunkel werden lassen!). Vom Herd nehmen und nach Belieben mit geriebenen Nüssen vermengen.

3. Äpfel mit Zucker, Zimt, Vanillezucker und Rosinen gut vermischen. Mit einem Schuss Rum und Zitronensaft abschmecken.

4. Nun den Strudelteig wie beschrieben ausziehen und mit zerlassener Butter bestreichen.

5. Brösel auf zwei Drittel des Teiges verteilen, Apfelfülle auftragen und die dicken Teigränder abschneiden. Die Ränder seitlich ein wenig über die Fülle schlagen.

6. Den Backofen auf 165–190 °C Heißluft vorheizen, ein Backblech oder eine Backform gut mit Butter einfetten.

7. Nun das Tuch auf der mit Fülle belegten Seite des Strudels aufheben und den Strudel mithilfe des Tuches zur freien Teigseite hin aufrollen. Die Teigenden zusammendrücken. Sollte beim Aufrollen Mehl auf dem Teig haften bleiben, mit einem Mehlpinsel abstauben.

8. (Wird ein anderer Teig verwendet, diesen rechteckig ausrollen, Fülle in der Mitte auftragen, eine Teighälfte darüberschlagen, mit verquirltem Ei bestreichen und verbleibende Teighälfte darüberlegen. Leicht andrücken, mit einer Gabel Muster stechen, mit verquirltem Ei bestreichen und goldgelb backen.)

9. Strudel mithilfe des Tuches auf das Backblech setzen, mit Butter bestreichen und im vorgeheizten Backofen etwa 35–40 Minuten hellbraun backen. Während der Backzeit nochmals mit Butter oder mit austretendem Fruchtsaft immer wieder bestreichen.

10. Herausheben und etwas abkühlen lassen. (Ist die Teighülle nach dem Backen zu fest, mit Milch einstreichen oder mit Alufolie abdecken.)

11. Am besten mit einem Sägemesser lauwarm oder kalt portionieren, mit Puderzucker bestreuen und servieren.

Variationsmöglichkeiten

- Erhöhen Sie die Apfelmenge auf 1 kg.
- Arbeiten Sie anstelle von Rosinen getrocknete, eingeweichte Früchte wie Preiselbeeren, Heidelbeeren, Aranzini, Zitronat, Weichseln oder Kirschen ein.
- Verleihen Sie der Fülle statt mit Rum durch Maraschino, Amaretto, Apfelschnaps, Birnenschnaps oder Cointreau ein neues, apartes Aroma.
- Süßen Sie anstelle von Zucker mit beliebiger Marmelade.
- Die Butterbrösel können auch sofort unter die Apfelfülle gemengt werden.
- Übergießen Sie den Strudel kurz vor Ende der Backzeit mit etwas Milch oder Eiermilch.
- Bestreichen Sie den Teig anstelle mit Butter einmal mit Crème fraîche oder Sauerrahm.
- Rhabarber-, Zwetschken-, Weichsel- oder Birnenstrudel bereiten Sie ebenso zu.
- Für einen Marillenstrudel verwenden Sie anstelle der Äpfel entkernte Marillen und lassen Sie dabei Rum und Rosinen weg.
- Mischen Sie beim Birnenstrudel noch 100 g klein geschnittene Dörrzwetschken und 60 g grob gehackte Walnüsse unter und aromatisieren Sie zusätzlich mit Ingwer.
- Bei entsprechender Reduzierung der Apfelmenge können Sie auch Zwetschken, Trauben, Weichseln, frische Heidelbeeren, Rote Johannisbeeren oder Himbeeren als Einlage untermischen.
- Für Zwetschkenstrudel können Sie unter die Fruchtfülle auch noch Mohn oder Nüsse mischen und die Masse kurz quellen lassen.
- Sogar Kürbisstrudel kann nach diesem Rezept zubereitet werden, wobei das Kürbisfleisch geraffelt oder in Streifen geschnitten wird.
Mischen Sie je nach verwendeten Früchten auch fein geriebenes Marzipan, kleine Nougatstücke, Schokoladentropfen, Mandel- oder Haselnussblättchen, Pignoli oder Pistazien unter.
- Verfeinern Sie die Füllmasse mit Zitronen-, Orangen- oder Limettenschale, Ingwer oder Lebkuchengewürz.
- Wenn Sie eher wasserhaltige Früchte verarbeiten, so vermischen Sie am besten etwas Puddingpulver (Vanille, Schokolade, Karamell, ganz nach Geschmack) oder Saftbinder (bei Fa. Süwag erhältlich) mit Zucker und rühren Sie das unter die Masse. Die Füllmasse wird dadurch kompakter, der Strudel weicht nicht auf. Auch Gelierzucker macht die Masse kompakter.
- Mengen Sie unter die Fruchtmasse auch 125–200 g Sauerrahm, Topfen oder Crème fraîche.
- Wird der Teig mit verquirltem Ei bestrichen, so wird der Strudel fester.

Apfelstrudel II

Gezogener Strudelteig von 200 g Mehl (s. S. 176) oder Blätterteig bzw. Mürbteig von ca. 500 g Mehl oder Fertigprodukt

70 g zerlassene Butter
100 g Semmelbrösel
800 g säuerliche geschälte, entkernte, blättrig geschnittene Äpfel (ca. 1 kg brutto Strudeläpfel wie etwa Boskop)
10–20 ml Zitronensaft
20 ml Rum nach Belieben
40 g in Rum eingeweichte Rosinen
80–100 g Zimtzucker, je nach Säure der Äpfel

ca. 40 g zerlassene Butter zum Bestreichen (evtl. Ei bei anderem Teig zum Bestreichen)
Butter für die Form
Puderzucker zum Bestreuen

Garniturempfehlung
Zimtobers, Vanilleeis

UNSERE KLASSIKER

1. Strudelteig wie beschrieben vorbereiten.

2. Zerlassene Butter mit Semmelbröseln unter ständigem Rühren hellbraun rösten.

3. Die blättrig geschnittenen Äpfel mit Zitronensaft und Rum vermengen.

4. Strudelteig wie beschrieben ausziehen, dickere Teigränder mit einem Messer wegschneiden.

5. Den Backofen auf 175–185 °C vorheizen, ein Backblech oder eine Backform mit Butter einfetten.

6. Auf einem Drittel des Teiges die Butterbrösel locker verteilen, den Rest mit zerlassener Butter bestreichen. Äpfel auf die Brösel gleichmäßig auftragen, Rosinen darüber verteilen und mit Zimtzucker bestreuen. Die Ränder seitlich ein wenig über die Fülle schlagen. Den Strudel mithilfe des Tuches locker einrollen und mit dem Teigende nach unten in die Form setzen. Enden gut verschließen. Mit Butter bestreichen. (Blätter- oder Mürbteig rechteckig ausrollen, Fülle in der Mitte auftragen, eine Teighälfte darüberschlagen, mit verquirltem Ei bestreichen und verbleibende Teighälfte darüberlegen. Leicht andrücken, mit einer Gabel Muster stechen und mit verquirltem Ei bestreichen.)

7. Im heißen Backofen 40–45 Minuten goldgelb backen.

8. Herausheben, etwas abkühlen lassen und lauwarm oder kalt mit Puderzucker bestreut servieren.

Variationsmöglichkeiten

- Für einen Apfelstrudel Wiener Art wird die Fülle vor dem Einrollen mit fein gemahlenen Nüssen oder Mandeln bestreut und darüber etwas Sauerrahm verteilt.
- Bereiten Sie nach demselben Rezept auch Birnen-, Zwetschken-, Marillen-, Rhabarber-, Kirschen- oder Weichselstrudel zu.
- Für „Winterzeit"-Birnenstrudel verarbeiten Sie für die Fülle 800 g Birnenspalten, 100 g grob gehackte, geröstete (Erd-)Nüsse und frisch geriebenen Ingwer; mit Vollrohr- oder Rohzucker, einer Prise Zimt, Rosinen (ersatzweise Korinthen, Datteln, Feigen, Dörrzwetschken oder -marillen, klein geschnitten) vermengen und auftragen. Mit Butterbröseln bestreuen. Eventuell etwas Preiselbeermarmelade vor dem Einrollen punktuell aufbringen. Mit Vanillesauce, die mit etwas Erdnussbutter und eventuell Ahornsirup abgeschmeckt wurde, servieren.

Die besten Tipps rund um den Apfelstrudel

- Apfelstrudel kann, wie andere Strudel auch, ebenso in einer rechteckigen oder runden Backform gebacken werden, nur sollte die Backform nicht zu groß sein, da der Strudel sonst aufreißt.
- Lassen Sie den ausgezogenen Strudelteig nicht zu lange auf dem Tuch liegen, da er rasch austrocknet und beim Einrollen bricht.
- Auch die Apfelfülle sollte nicht zu lange stehen, da sie sonst zu wässrig wird.
- Saftige Äpfel benötigen etwas mehr Bröselmenge. (Evtl. Puddingpulver oder Saftbinder einmengen.) Andernfalls bleibt der Strudel nicht knusprig und weicht durch die austretende Flüssigkeit auf.
- Gerät die Apfelfülle dennoch zu feucht, so kann man den Fruchtsaft etwas abgießen und mit Bröseln oder Haselnüssen binden.
- Für einen überbackenen Apfelstrudel übergießen Sie den Strudel nach der halben Backzeit mit einer Eiermilch aus 200 ml Milch und 2 Eiern, anschließend fertig backen.
- Bleibt einmal etwas Mohn- oder Nussfülle übrig, so verteilt man diese zuerst auf dem ausgezogenen Strudelteig und trägt dann erst die Apfelfülle auf.
- Wenn Sie oft und gerne Äpfel verarbeiten, so lohnt sich die Anschaffung einer Apfelschälmaschine, die im Fachhandel erhältlich ist. Dabei werden die Äpfel mittels Drehbewegungen gegen ein Messer gedrückt, das die Schalen spiralenförmig entfernt. Nebenbei werden die Äpfel sogar in Scheiben geschnitten und entkernt. Die Apfelscheiben müssen danach lediglich halbiert oder gedrittelt werden!
- Die so entstandenen Apfelscheiben kann man natürlich nicht nur für Apfelstrudel verwenden, sondern sie können auch für feine gebackene Apfelspalten durch Backteig gezogen und in heißem Öl schwimmend ausgebacken werden.
- Die Schalen von unbehandelten Äpfeln sollten Sie keinesfalls wegwerfen! Trocknen Sie diese (im Backofen, Dörrapparat oder über dem Heizkörper bzw. Kachelofen, lose auf einem Gitter aufgelegt) und vermahlen Sie die getrockneten Schalen in einer Küchenmaschine. Sie erhalten dadurch ein wunderbares Aroma für die Apfelstrudelfülle, aber auch für Bowle, Tee oder Punsch.
- Auch das übrig gebliebene Kerngehäuse lässt sich, etwa gemeinsam mit den Apfelschalen, weiterverarbeiten: Mit wenig Wasser und etwas Zitronensaft weich kochen, mixen und durchpassieren. Eventuell mit Gelierzucker nochmals einkochen und mit Zimt, Vanillezucker abschmecken. Als Mus genießen oder bei der Zubereitung von Rotkraut verwenden!
- Sogar Apfellikör können Sie aus den übrig gebliebenen Apfelschalen und „Apfelputzen" herstellen. Karamellisieren Sie dazu Zucker hellbraun, die Apfelreste kurz darin anschwitzen, mit Wasser ablöschen und ca. 10 Minuten kochen lassen. Etwas Weißwein zugießen, mit Zimt, Sternanis, Rosinen, Vanillezucker, Orangen- und/oder Zitronenzesten bzw. -saft beliebig aromatisieren. Ausgekühlt mit Korn und Rum vermengen und ca. 2–3 Wochen gut verschlossen ziehen lassen. Dann abseihen und durch ein Tuch filtern.

Apfelstrudel mit Mürbteig

Für den Teig
130 g kühle Butter
240 g glattes Weizen- oder feines Dinkelmehl
70–120 g Feinkristall-, Roh-, Rohr-, Voll-, Gelb- oder fein gesiebter Puderzucker
1 Eigelb
Prise Salz
3 EL Milch
Prise Backpulver

Eiweiß zum Bestreichen
Butter zum Bestreichen
Puderzucker zum Bestreuen

Für die Fülle
600 g Apfelwürfel
50 g fein gemahlene Haselnüsse oder beliebige Nüsse
80 g Feinkristallzucker
20 g Vanillezucker
10 ml Rum
10 ml Zitronensaft

UNSERE KLASSIKER

1. Für den Teig die kühle Butter in Stücke schneiden und mit den restlichen Zutaten in einer Schüssel händisch oder maschinell mit dem Knethaken einer Küchenmaschine kurz durcharbeiten. (Der Teig kann auch auf einer kühlen Arbeitsfläche geknetet werden; dafür am besten anfangs zum Abbröseln des Teiges eine Teigkarte oder Einweghandschuhe verwenden.) Teig je nach Bedarf zu einem flachen Ziegel formen und eventuell kalt stellen (wenn er zu weich ist) oder sofort weiterverarbeiten.

2. Für die Fülle die Apfelwürfel mit den Nüssen, Zucker sowie Vanillezucker vermengen. Mit Rum sowie Zitronensaft aromatisieren und sofort weiterverarbeiten.

3. Den Backofen auf 165–185 °C Heißluft vorheizen, ein Backblech oder eine -form mit Butter einfetten.

4. Teig auf einer bemehlten Arbeitsfläche zu einem Rechteck von 40 x 30 cm ausrollen. Fülle in der Mitte der Länge nach verteilen, Teigenden übereinanderlegen und auf das Backblech setzen. Mit Eiweiß bepinseln und 35–40 Minuten backen. Vor dem Servieren nach Belieben mit Puderzucker bestreuen.

Apfelstrudel mit Milch

Zutaten für 1 Rein, Kuchen- oder Tortenform mit 28 cm Durchmesser
Gezogener Strudelteig von 150 g Mehl (s. S. 176)

800 g säuerliche Äpfel wie Boskop, Elstar, Idared, Jonagold (geschält, entkernt und blättrig geschnitten)
10 ml Zitronensaft
20 ml Rum oder Zwetschkenschnaps
Schale von ½ unbehandelten Zitrone
Zimt
50 g Feinkristallzucker
20 g Vanillezucker
30 g in Rum eingeweichte Rosinen
125 g Sauerrahm
20 g Butter zum Bestreichen
150 ml Milch zum Begießen
Puderzucker zum Bestreuen

UNSERE KLASSIKER

1. Strudelteig nach Anleitung vorbereiten.

2. Geschnittene Äpfel in eine Schüssel geben, mit Zitronensaft, Rum, Zitronenschale, Zimt, Zucker und Vanillezucker abschmecken. Rosinen untermengen.

3. Strudelteig wie beschrieben ausziehen. Teig mit Sauerrahm bestreichen und die Apfelfüllung darauf verteilen. Dicke Ränder wegschneiden, seitliche Teigränder einschlagen und zu einem Strudel locker aufrollen.

4. Den Backofen auf 175–185 °C Heißluft vorheizen.

5. Eine Rein, Kuchen- oder Tortenform mit ca. 28 cm Durchmesser mit zerlassener Butter ausstreichen und den Strudel mithilfe des Strudeltuches u-förmig eingerollt in die Form legen. Mit der restlichen Butter bestreichen und in den vorgeheizten Backofen schieben. Nach 10 Minuten mit Milch begießen und nochmals ca. 30–35 Minuten backen. Währenddessen sollte die Milch völlig aufgesogen werden.

6. Etwas abkühlen lassen und mit Puderzucker bestreut servieren.

Dieses Rezept verdankt Ingrid Pernkopf ihrer Oma.

Apfelstrudel mit Topfen

Gezogener Strudelteig von
150 g Mehl (s. S. 176)

500 g geschälte Apfelspalten
150 g Topfen
30 g Rosinen
20 g gemahlene Mandeln
80 g Zucker
20–30 g Brösel von Weißbrot (Mie de Pain, s. S. 214) oder Semmelbrösel
Butterbrösel (s. S. 213)
flüssige Butter zum Bestreichen
Puderzucker zum Bestreuen

Garniturempfehlung
Zimtobers, Vanilleeis

UNSERE KLASSIKER

1. Strudelteig nach Anleitung vorbereiten.

2. Die geschälten Apfelspalten mit Topfen, Rosinen und Mandeln vermengen. Mit Zucker abschmecken und mit Bröseln je nach Feuchtigkeit der Äpfel binden.

3. Den Backofen auf 175–185 °C vorheizen, ein Backblech oder eine -form mit Butter einfetten.

4. Strudelteig ausziehen und wie Apfelstrudel I oder II mit der Füllmasse füllen und einrollen. Im heißen Backofen 40–45 Minuten goldgelb backen.

5. Herausheben, etwas abkühlen lassen und lauwarm oder kalt mit Puderzucker bestreut servieren.

Nussstrudel

Für den Teig
250 g geschälte, gekochte mehlige Kartoffeln (ohne Schale gewogen)
280 g glattes Weizen- oder feines Dinkelmehl
100 g zerlassene, aber nicht heiße Butter
100 g Feinkristallzucker
1 Eigelb
½ Pkg. Backpulver
Prise Salz
etwas abgeriebene Zitronenschale

Butter für das Backblech

1 verquirltes Ei zum Bestreichen
Puderzucker zum Bestreuen

Für die Fülle
120 ml Milch
50 g Zucker
10 g (ca. 1 EL) Vanillezucker
30 g Honig
170 g fein gemahlene Nüsse
20 g in Rum eingeweichte Rosinen
2 cl Rum
Prise Zimt
Abgeriebene Zitronenschale
Biskuitbrösel oder Brösel von entrindetem Weißbrot (s. S. 214) nach Bedarf

1. Die geschälten, gekochten Kartoffeln passieren und mit Mehl, der zerlassenen Butter, Zucker, Eigelb und Backpulver vermengen. Mit einer kleinen Prise Salz und Zitronenschale aromatisieren und zu einem glatten Teig verarbeiten.

2. Mit einer Folie abdecken und 30 Minuten kühl ruhen lassen.

3. Inzwischen Milch in einem Topf aufkochen, vom Herd nehmen und mit Zucker, Vanillezucker, Honig, Nüssen und Rosinen vermengen. Mit einem Schuss Rum sowie etwas Zimt und abgeriebener Zitronenschale aromatisieren. Abkühlen lassen. (Die Masse sollte eher fest sein – ist das nicht der Fall, etwas Biskuitbrösel oder Brösel von entrindetem Weißbrot untermengen.)

4. Den Backofen auf 165–185 °C Heißluft vorheizen, eine passende Backform oder ein Backblech mit Butter einfetten oder mit Backpapier auslegen.

5. Nun den Teig rechteckig in ungefähr der Größe des Backblechs ausrollen, zwei Drittel des Teiges mit der vorbereiteten Fülle bestreichen und zu einem Strudel einrollen. Enden verschließen, mit dem Teigende nach unten auf das vorbereitete Backblech setzen. Mit Ei bestreichen und mit einer Gabel mehrmals einstechen.

6. Im vorgeheizten Backofen 35–40 Minuten hellbraun backen.

7. Abgekühlt mit Puderzucker bestreuen.

Variationsmöglichkeiten

- Ersetzen Sie die Rosinen durch klein geschnittene Dörrzwetschken, Preiselbeeren, Sauerkirschen, Feigen oder Datteln.
- Füllen Sie die Nussmasse auch in feine Palatschinken, Krapfen oder Knödel.
- Füllen Sie den Strudel auch mit Mohn- statt mit Nussmasse.

Baklava

(Griechischer/Türkischer Nussstrudel)

Für die Teigblätter
200 g glattes Weizen- oder feines Dinkelmehl
Salz
20 g Sonnenblumenöl
ca. 100 ml Wasser

Mehl oder Weizenstärke zum Verarbeiten
ca. 100 g zerlassene Butter zum Bestreichen

Für die Fülle
100 g grob gehackte Haselnüsse oder Mandeln
200 g grob gehackte Walnüsse (Pekan- oder Cashewnüsse, Mandeln, Pistazien, auch beliebig gemischt)
etwas Nelkenpulver
20 g Vanillezucker
30–50 g Zimtzucker

Für den Sirup
400 ml Wasser
250 g Honig
30 ml Zitronen- oder Orangensaft
Schale von ½ unbehandelten Zitrone
Zimt- und Nelkenpulver

TIPP
Diese doch recht üppige Strudelvariante kann auch – gut verschlossen! (nimmt schnell fremde Gerüche an) – im Kühlschrank mehrere Tage aufbewahrt werden.

1. Für den Sirup alle Zutaten in einen Topf geben und bei milder, gleichmäßiger Hitze ca. 10–15 Minuten leicht köcheln lassen. Bei Bedarf durch ein Sieb abseihen.

2. Für die Fülle alle Zutaten vermengen und in 2 gleich große Portionen teilen.

3. Für die Teigblätter Mehl, Salz und Öl in eine Schüssel geben. Wasser aufkochen, darübergießen und sofort mit dem Kochlöffel gut vermischen. Dann mit den Händen zu einem glatten Teig verarbeiten. Zu einer Kugel oder Rolle formen, mit Mehl bestäuben und mit Frischhaltefolie bedeckt ca. 30 Minuten ruhen lassen.

4. Teig in 12 gleich große Stücke teilen und auf einer bemehlten Arbeitsfläche handgroß ausrollen. Jeweils zwei dieser Fladen gut mit Mehl oder Stärkemehl bestäuben, übereinanderlegen und mit dem Nudelholz nach Möglichkeit in der Größe der rechteckigen Kastenform hauchdünn ausrollen. Dabei mehrmals die Teigblätter voneinander trennen und dabei immer wieder mit Mehl bestäuben, damit sie nicht zusammenkleben.

5. Die Backform mit Butter einfetten, mit 6 Teigblättern auslegen, dabei jedes Blatt mit zerlassener Butter bestreichen. Teigblätter eventuell mit einem Messer oder einer Schere auf die Form zurechtschneiden. (Verbliebene Teigreste bei der nächsten Lage wiederverwenden.)

6. Nun die halbe Nussmischung darüber verteilen, darauf wieder 2 Teigblätter, die jeweils mit Butter bestrichen wurden, auflegen. Restliche Nüsse darauf verteilen und mit den restlichen 4 Teigblättern, die immer wieder mit Butter bestrichen wurden, abdecken. Letztes Blatt nochmals mit Butter bestreichen.

7. Mit einem scharfen Messer gleichmäßig quadratisch, viereckig oder rautenförmig bis zum Boden einschneiden. Oberfläche vor dem Backen mit etwas Wasser beträufeln, damit sich die oberen Blätter nicht aufwölben.

8. Den Backofen auf ca. 165–175 °C vorheizen und die Baklava 50–60 Minuten backen. (Falls die Oberfläche zu sehr bräunt, mit Alufolie abdecken.)

9. Aus dem Ofen nehmen und gleichmäßig mit Sirup beträufeln. Die Schnittstellen eventuell noch einmal nachschneiden. Einige Stunden ziehen lassen.

Milchrahmstrudel I

Gezogener Strudelteig von 150 g Mehl (s. S. 176)

50 ml Milch
80 g entrindetes Toastbrot oder Semmelwürfel vom Vortag
70 g weiche Butter
40 g Feinkristallzucker für den Abtrieb
20 g Vanillezucker
20 ml Zitronensaft
20 ml Rum
1 TL fein geriebene, unbehandelte Zitronen- oder Orangenschale
2 Eigelb
250 g Topfen
125 g Sauerrahm, Mascarino oder Mascarpone
2 Eiweiß
70 g Feinkristallzucker für den Schnee
Salz
30 g glattes Weizen- oder feines Dinkelmehl

ca. 40 g zerlassene Butter zum Bestreichen
Puderzucker zum Bestreuen

Für den Guss
2 Eier
200 ml Milch oder Milch mit Obers gemischt
30 g Feinkristallzucker

Garniturempfehlung
Warme Vanillesauce

1. Strudelteig wie im Grundrezept beschrieben vorbereiten.

2. Milch erhitzen und das Brot damit übergießen, etwas einweichen lassen. (Je nach Trockenheit des Brotes kann sich die Milchmenge eventuell erhöhen.)

3. Inzwischen Butter mit Zucker, Vanillezucker, Zitronensaft, Rum und Zitronenschale schaumig rühren. Eigelbe nach und nach einrühren und weiter schaumig rühren. Zuletzt Topfen und Sauerrahm unterrühren.

4. Eiweiße mit Zucker und einer Prise Salz zu nicht zu steifem Schnee schlagen und behutsam mit Mehl und Brotmasse unter die Topfenmasse heben.

5. Den Backofen auf 165–180 °C Heißluft vorheizen. Eine Wandl- oder Kastenform von ca. 40 cm Länge mit Butter einfetten oder mit Backpapier auslegen.

6. Strudel nach Anleitung im Grundrezept auf eine Länge von ca. 1 m und eine Breite von ca. 45 cm ausziehen. Die Topfenmasse auf zwei Drittel des Teiges aufstreichen, restlichen Strudel mit zerlassener Butter bestreichen, dicke Teigränder abschneiden und Seitenränder leicht einschlagen. Zu einem Strudel einrollen und mithilfe des Strudeltuches in die vorbereitete Form legen.

7. Für den Guss alle Zutaten verrühren, nach Belieben auf ca. 70 °C erwärmen (muss aber nicht sein) und den Strudel mit der Hälfte des Gusses begießen. Im heißen Backofen insgesamt 40–45 Minuten backen, dabei nach ca. 20 Minuten restlichen Guss über den Strudel verteilen.

8. Abgekühlt mit gesiebtem Puderzucker bestreuen.

UNSERE KLASSIKER

Milchrahmstrudel II

Zutaten für 2 Strudel von 40–45 cm Länge

Für den Teig
250 g glattes Mehl
150 ml lauwarmes Wasser
50 g Öl
Salz
Flüssige Butter zum Bestreichen

Für die Fülle
150 g weiche Butter
150 g Kristallzucker
Abgeriebene Schale von 1 Zitrone
Mark von ½ Vanilleschote
120 g Eigelb (ca. 6 Eigelb)
500 g Topfen 20 % F.i.T.
375 g Sauerrahm
180 g Eiweiß (ca. 6 Eiweiß)
60 g glattes Mehl
50 g Rosinen in Rum getränkt

Für die Eiermilch (Royale)
100 g Eier
60 g Kristallzucker
500 ml Milch

UNSERE KLASSIKER

1. Für den Teig alle Zutaten in der Küchenmaschine mit dem Knethaken auf kleiner Stufe kneten oder mit der Hand zu einem glatten Teig verarbeiten. Zu zwei Kugeln formen, mit Öl bestreichen und zugedeckt ruhen lassen.

2. Für die Fülle weiche Butter, ein Drittel des Zuckers, Zitronenschale und Vanillemark schaumig rühren. Dann nach und nach Eigelbe zugeben. Topfen und Sauerrahm unterrühren. Eiweiße mit restlichem Kristallzucker zu einem cremigen, festen Schnee schlagen und unter die Topfenmasse heben. Zum Schluss vorsichtig das gesiebte Mehl und die Rosinen unterziehen.

3. Für die Eiermilch die Eier mit Zucker verrühren. Milch aufkochen, vom Herd nehmen und die Eiermischung einrühren.

4. Den Backofen auf 180 °C Heißluft vorheizen. Eine passende Braten- oder Kuchenform mit Butter einfetten oder mit Backpapier auslegen.

5. Den ersten Strudel wie im Grundrezept beschrieben dünn ausziehen, mit flüssiger Butter bestreichen und die Hälfte (!) der Topfenmasse auf ein Drittel des Teiges auftragen. Seitliche Ränder einschlagen und zu einem Strudel zusammenrollen. In die gebutterte Form legen. Mit dem zweiten Strudel gleich verfahren und ebenfalls in die Form legen. Mit etwa einem Drittel der Eiermilch übergießen und im heißen Ofen ca. 45 Minuten backen. Währenddessen immer wieder mit Eiermilch übergießen, bis alles verbraucht ist.

Dieses Rezept stammt aus dem Gasthaus „Maria vom guten Rat" in Gstaig.

Topfenstrudel I

Gezogener Strudelteig von 150 g Mehl (s. S. 176) oder Fertigprodukt

80 g weiche Butter für den Abtrieb
30 g Feinkristall- oder fein gesiebter Puderzucker für den Abtrieb
1 Pkt. Vanillezucker oder Mark von 1 Vanilleschote
Geriebene Schale einer unbehandelten Zitrone
2 Eier
200 g Sauerrahm
270 g Topfen
50 g Feinkristallzucker für den Schnee
Prise Salz
20 g glattes Weizen- oder feines Dinkelmehl, ersatzweise auch griffiges Mehl
40 g in Rum eingelegte Rosinen

eventuell eine Prise Zimt
Zerlassene Butter, evtl. auch Milch zum Bestreichen
Guss nach Belieben
Puderzucker zum Bestreuen

Garniturempfehlung
Mandel- oder Vanillesauce, Beeren-, Marillen- oder Zwetschkenröster

1. Strudelteig nach Anleitung im Grundrezept vorbereiten.

2. Für den Abtrieb die weiche Butter mit Zucker, Vanillezucker und Zitronenschale schaumig rühren.

3. Eier trennen und die Eigelbe nach und nach einrühren. Sauerrahm und Topfen in den Abtrieb rühren.

4. Eiweiße mit Feinkristallzucker und einer Prise Salz zu nicht zu festem Schnee aufschlagen, dabei den Zucker eher in kleinen Mengen zugeben.

5. Eischnee abwechselnd mit Mehl, Rosinen und einer Prise Zimt (nach Belieben) behutsam unter die Topfenmasse mengen.

6. Den Backofen auf 175–185 °C Heißluft vorheizen. Eine Backform, ein Backblech oder auch eine Kastenform (40 cm lang) mit Butter einfetten bzw. mit Backpapier auslegen. (Wenn ein Guss geplant ist, sollte die Backform nur so groß sein, dass der Strudel gerade hineinpasst, damit der Guss nicht „verläuft".)

7. Strudelteig ausziehen, zu einem Drittel mit der Topfenfülle bestreichen und den restlichen Teig mit zerlassener Butter beträufeln. Die Ränder seitlich ein wenig über die Fülle schlagen und locker zu einem Strudel einrollen.

8. Enden gut verschließen und mit der Nahtstelle nach unten in die vorbereitete Form legen, mit zerlassener Butter oder Milch bestreichen und ca. 40–45 Minuten backen. Dabei nach Geschmack nach der halben Backzeit den Strudel mit dem vorbereiteten Guss begießen und fertig backen. Mit Puderzucker bestreut warm oder kalt servieren.

TIPP
Werfen Sie die ausgekratzte Schale der Vanilleschote nicht einfach weg, sondern stellen Sie selbst Vanillezucker her! Ausgekratzte Schote in ein Glas mit Feinkristall- oder Puderzucker geben und gut verschließen.

Variationsmöglichkeiten

- Der Topfenstrudel schmeckt noch feiner, wenn Sie ihn mit einem Milchguss begießen (s. S. 209).
- Verzichten Sie auf die Rosinen und verteilen Sie stattdessen vor dem Einrollen 250 g beliebige frische Früchte oder gut abgetropftes Kompott auf der Masse. Dafür eignen sich etwa Marillen, Weichseln, Zwetschken, Heidelbeeren etc.

Topfenstrudel II

Gezogener Strudelteig von
150 g Mehl (s. S. 176), Blätter- oder Sauerrahmteig

100 g Butter
500 g Topfen
100 g Feinkristallzucker
10 g Grieß (auch Kindergrieß, Dinkelgrieß oder Polenta)
2 Eier
Prise Salz
10 g Vanillezucker
Spritzer Zitronensaft
Prise Zimt
10–20 g in Rum eingelegte Rosinen

Puderzucker zum Bestreuen
Butter bzw. Ei zum Bestreichen

Garniturempfehlung
Vanillesauce

UNSERE KLASSIKER

1. Strudelteig nach Anleitung vorbereiten.

2. Butter in einem Topf schmelzen, mit den restlichen Zutaten locker verrühren und abschmecken.

3. Den Backofen auf 165–180 °C Heißluft vorheizen. Eine Backform oder ein -blech mit Butter einfetten bzw. mit Backpapier auslegen.

4. Teig wie beschrieben ausziehen, Masse auf einen Teil auftragen und wie bei Topfenstrudel I zu einem Strudel formen. In die Form setzen, mit flüssiger Butter (Blätterteig mit Ei) bestreichen und 35–45 Minuten backen. Mit Puderzucker bestreut servieren.

TIPP
Besonders gut schmeckt der Strudel, wenn er nach der Hälfte der Backzeit mit Milchguss begossen wird. Dafür muss der Strudel freilich in einer passenden Kuchenform gebacken werden.

Variationsmöglichkeiten

- Tragen Sie vor dem Einrollen noch einen Strang Nuss-, Mohn-, Maroni- oder Fruchtfüllung auf.
- Färben Sie einen Teil der Topfenmasse mit Kakao ein.
- Für einen Topfen-Früchte-Strudel lassen Sie die Rosinen weg und mengen Sie ca. 200–250 g beliebige Früchte unter. Dabei besonders wasserhaltige Früchte mit etwas Saftbinder, Bröseln oder Puddingpulver binden.
- Für pikanten Topfenstrudel lassen Sie die süßen Zutaten weg und arbeiten Sie stattdessen Pilze, Speck, Schinken etc. ein.

Topfenstrudel mit Weißbrot

Gezogener Strudelteig von 150 g Mehl (s. S. 176) oder Fertigprodukt

50 g entrindetes Toast- oder Weißbrot (nicht zu altbacken)
125 g Sauerrahm
3 Eier
70 g weiche Butter
20 g Feinkristall- oder fein gesiebter Puderzucker für den Abtrieb
etwas fein geriebene unbehandelte Zitronenschale
10 ml Zitronensaft
220 g Topfen
30 g Feinkristallzucker für den Schnee
30 g Rosinen in 20 ml Rum eingeweicht

40 g zerlassene Butter zum Bestreichen
Puderzucker zum Bestreuen

Garniturempfehlung
Vanille-, Karamell- oder Mandelsauce, Vanille- oder Zimteis, Kirschen- oder Beerenragout

UNSERE KLASSIKER

1. Strudelteig nach Anleitung im Grundrezept vorbereiten.

2. Das Brot in kleine Würfel schneiden, mit Sauerrahm vermengen und ca. 15 Minuten einweichen.

3. Währenddessen die Eier trennen. Butter mit Zucker und Zitronenschale sowie Zitronensaft schaumig rühren. Nach und nach die Eigelbe einrühren.

4. Dann das eingeweichte Toastbrot und Topfen in den Abtrieb einrühren.

5. Eiweiße mit Feinkristallzucker zu nicht zu steifem Schnee schlagen und behutsam unterheben, dabei nicht zu fest rühren.

6. Den Backofen auf 165–185 °C Heißluft vorheizen. Eine Backform, Backblech oder auch Kastenform (40 cm lang) mit Butter einfetten oder mit Backpapier auslegen.

7. Strudelteig ausziehen, Fülle auf ein Drittel des ausgezogenen Strudelteiges streichen und die Rosinen darauf verteilen. Restlichen Teig mit zerlassener Butter bestreichen, dicke Teigränder abschneiden, seitlich einschlagen und zu einem Strudel locker einrollen.

8. Auf das vorbereitete Backblech oder eine Form legen, mit Butter bestreichen und ca. 35–40 Minuten backen. Mit Puderzucker bestreut warm oder kalt servieren.

TIPP
Wenn Sie eher altbackenes Brot verarbeiten, so benötigen Sie unter Umständen mehr Sauerrahm.

Variationsmöglichkeit

- Belegen Sie die Topfenmasse vor dem Zusammenrollen noch mit ca. 200 g gut abgetropften Weichseln, Marillen, Zwetschken oder Heidelbeeren.

Topfenstrudel im Wandl

Zutaten für 1 Wandl- oder Kastenform von 40 cm Länge
Gezogener Strudelteig von 150 g Mehl (s. S. 176)

40 g zerlassene Butter
500 g Topfen
5 Eigelb
80 g Joghurt
25 g in Rum eingeweichte Rosinen
10 ml Rum
Schale ½ unbehandelten Zitrone, fein gerieben
20 g Vanillezucker
5 Eiweiß
80 g Zucker
15 g glattes Weizen- oder feines Dinkelmehl

Zerlassene Butter oder Milch zum Bestreichen
Puderzucker zum Bestreuen

Garniturempfehlung
Warme Vanillesauce

UNSERE KLASSIKER

1. Strudelteig wie im Grundrezept beschrieben vorbereiten.

2. Zerlassene Butter mit Topfen, Eigelben, Joghurt, Rosinen, Rum, Zitronenschale sowie Vanillezucker verrühren.

3. Eiweiße mit Zucker zu nicht zu steifem Schnee schlagen und mit dem Mehl behutsam unter die Topfenmasse mengen.

4. Den Backofen auf 170–190 °C Heißluft vorheizen. Die Wandl- oder Kastenform mit Butter einfetten oder mit Backpapier auslegen.

5. Strudelteig nach Anleitung ausziehen, die Fülle auf ein Drittel des Teiges auftragen, dickere Ränder abschneiden, seitliche Ränder etwas einschlagen und zusammenrollen. Den Strudel mithilfe des Tuches in die Form legen, mit zerlassener Butter oder Milch bestreichen und ca. 50–60 Minuten backen.

6. Mit Puderzucker bestreuen und warm oder kalt servieren.

Variationsmöglichkeiten

- Füllen Sie mit der Topfenmasse kleine Säckchen aus Strudelteig und backen Sie diese auf einem Backblech oder in vorbereiteten kleinen Formen (siehe dazu auch Grundrezept Strudelteigsäckchen, s. S. 8).
- Eventuell Fruchteinlage nach Belieben.

Einer der Lieblingsstrudel von Ingrid Pernkopf

Grießstrudel mit Schokolade

250 g Plunderteig
(s. S. 186)

400 ml Milch
15 g Butter
40 g Feinkristall-, Gelb-, Rohr-, Roh- oder Vollzucker, Honig oder Ahornsirup
10 g Vanillezucker
Prise Salz
70 g Grieß, Polenta oder Dinkelgrieß
1–2 Eier
eventuell noch in Rum eingelegte Rosinen
70–90 g grob gehackte Schokolade oder Schokoladenlinsen (Kuvertüre)

1 verquirltes Ei zum Bestreichen
Butter für die Form

Garniturempfehlung
Vanillesauce, Zwetschkenröster

1. Plunderteig wie beschrieben vorbereiten.

2. Milch mit Butter, Zucker, Vanillezucker und Salz aufkochen. Grieß einrühren und so lange rühren, bis die Masse bindet und sich vom Topfboden löst. Kurz abkühlen lassen.

3. Dann Eier und Rosinen nach Belieben einmengen.

4. Den Backofen auf 170–190 °C Heißluft vorheizen. Eine Backform oder ein -blech mit Butter einfetten bzw. mit Backpapier auslegen.

5. Plunderteig ausrollen, Fülle in der Mitte der Länge nach auftragen, Schokolade darüberstreuen und den Teig zu einem Strudel zusammenlegen. In die Form legen, mit Ei bestreichen und ca. 25–30 Minuten backen.

Variationsmöglichkeiten

- Tragen Sie statt Schokolade auch Nougat, karamellisierte Äpfel- oder Birnenwürfel, Marillen, Heidelbeeren, abgetropftes Preiselbeerkompott, Nuss- oder Mohnfülle auf die Grießmasse auf.
- Zusätzlich mit Zitronen- und/oder Orangenschale, Zimt, Lebkuchengewürz oder Ingwer aromatisieren.

Gekochter Grießstrudel

Strudelteig für gekochten Strudel (s. S. 178)

3 Eier
80 g weiche Butter
20 g Vanillezucker
Abgeriebene Zitronenschale
Salz
120 g Weizengrieß
125 g Sauerrahm
10 g in Rum eingeweichte Rosinen
20 g Feinkristallzucker

Zerlassene Butter zum Bestreichen
Verquirltes Ei zum Bestreichen
Zuckerbrösel (s. S. 213) und/oder Puderbzucker zum Bestreuen

Garniturempfehlung
Warme Vanillesauce, Kompott oder Röster

1. Den Teig nach Anleitung vorbereiten.

2. Die Eier trennen.

3. In einer Schüssel die weiche Butter mit Vanillezucker, Zitronenschale und Salz schaumig rühren. Eigelbe nach und nach unterrühren. Grieß, Sauerrahm und Rosinen einrühren.

4. Eiweiße mit dem Kristallzucker zu steifem Schnee schlagen und behutsam unterheben.

5. Strudelteig wie beschrieben ausziehen. Mit zerlassener Butter bestreichen und auf einem Drittel des Teiges die Masse jeweils in der Länge eines kleineren Portionsstrudels (ca. 8 cm lang) auftragen. Dazwischen jeweils einen kleinen Abstand lassen. Freiräume und Teigränder mit verquirltem Ei bestreichen.

6. Nun vorsichtig zu einem Strudel zusammenrollen und mit einem bemehlten Kochlöffelstiel die einzelnen Portionen abdrücken (trennen). Die Enden jeweils nochmals gut festdrücken. Eine gute Viertelstunde ruhen lassen.

7. In einem großen Topf Salzwasser aufkochen. Die Strudelpäckchen einlegen und ca. 8–10 Minuten leicht ziehen, aber nicht kochen lassen. Herausheben und abtropfen lassen. Anrichten und nach Belieben mit Puderzucker und/oder Zuckerbröseln bestreuen.

TIPP
Noch einfacher ist das Garen, wenn Sie die kleinen Strudelpäckchen im Dampfgarer oder über einem Dampfeinsatz im Kochtopf dämpfen.

Mohnstrudel

Kalter Hefeteig (s. S. 197)

verquirltes Ei zum Bestreichen
Butter für das Backblech

Für die Mohnmasse
ca. 180 ml Milch
20 g Butter
20 g Honig
80 g Feinkristallzucker
110 g gemahlener Mohn
10 g (ca. 1 EL) Vanillezucker
1 cl Rum
Prise Zimt, Schuss Zitronensaft
ca. 10 g (ca. 1 EL) Semmel- oder Biskuitbrösel
20 g in Rum eingeweichte Rosinen (oder klein geschnittene Dörrzwetschken)

Ei zum Bestreichen

UNSERE KLASSIKER

1. Für die Füllmasse die Milch in einem Topf mit Butter, Honig und Zucker aufkochen lassen. Mohn einrühren, mit Vanillezucker, Rum, einer Prise Zimt sowie einem Schuss Zitronensaft gut vermischen. Brösel und marinierte Rosinen unterziehen und alles zu einer nicht zu weichen Masse verarbeiten. (Die Masse sollte beim Backen nicht auslaufen.) Eventuell noch Brösel untermengen.

2. Vom Herd nehmen und die Masse auskühlen lassen.

3. Den kalten Hefeteig wie beschrieben vorbereiten und kurz kühl ruhen lassen.

4. Eine Backform mit Butter einfetten oder mit Backpapier auslegen.

5. Dann den Teig auf einer bemehlten Arbeitsfläche ausrollen und auf zwei Drittel des Teiges die vorbereitete Fülle auftragen. Zu einem Strudel einrollen, Enden verschließen und mit dem Teigende nach unten auf das vorbereitete Backblech setzen.

6. Mit Ei bestreichen und kühl stellen, bis das Ei etwas angetrocknet ist.

7. Inzwischen den Backofen auf 165–175 °C Heißluft vorheizen.

8. Nochmals mit Ei bestreichen, mit einer Gabel mehrmals einstechen und im vorgeheizten Backofen 35–40 Minuten hellbraun backen.

Variationsmöglichkeiten

- Füllen Sie den Hefeteig auch mit anderen Füllmassen, etwa mit Nussfülle, Marmelade oder Fruchteinlage.
- Der Teig muss nicht unbedingt zu einem Strudel gerollt werden, er kann auch zu Kipferln, Golatschen oder Taschen geformt werden.
- Aromatisieren Sie die Fülle noch mit Bittermandelöl, Lebkuchengewürz, Johannisbeer- , Weichsel- oder Orangenmarmelade.
- Kochen Sie den Mohn anstelle von Milch mit Rotwein auf.
- Mengen Sie unter die abgekühlte Mohnmasse etwas Sauerrahm und Rosenöl oder geriebene Schokolade.
- Verwenden Sie die Füllmasse auch für Mohnpalatschinken oder Krapfen.

Waldviertler Weißmohnstrudel

Zutaten für 2 Strudel

Für den Hefeteig
12 g Hefe (ca. 1/3 Würfel)
85 ml kalte Milch
1 Eigelb
250 g Mehl
35 g Puderzucker
Prise Salz
Abgeriebene Zitronenschale
Rum
Vanillezucker
125 g Butter

1 verquirltes Ei zum Bestreichen
Butter für das Blech

Für die Mohnfülle
270 g Weißmohn (am besten ganz frisch gemahlen)
70 g süße Brösel (z. B. Lebkuchenbrösel)
1 TL Vanillezucker
1 Schuss Rum
Abgeriebene Zitronenschale
1 EL Powidl
100 ml Milch
180 g Kristallzucker
1 TL Honig
1 TL Schweine- bzw. Butterschmalz oder Butter

UNSERE ♥ KLASSIKER

1. Für den Teig Hefe in kalter Milch auflösen. Eigelb, Mehl sowie Puderzucker zugeben und eine Prise Salz, Zitronenschale, einen Schuss Rum, etwas Vanillezucker sowie die Butter einarbeiten. Alles zu einem glatten Hefeteig kneten und diesen ohne Ruhenlassen weiterverarbeiten.

2. Für die Fülle den Weißmohn quetschen (mit einer Mohnmühle mahlen) und mit den Bröseln, Vanillezucker, Rum und Zitronenschale vermengen. Powidl dazugeben. In einem Topf Milch mit Kristallzucker, Honig sowie Schmalz erhitzen und noch heiß mit den anderen Zutaten vermischen.

3. Ein Backblech mit Butter einfetten oder mit Backpapier auslegen.

4. Nun den Hefeteig in zwei gleich große Teile teilen. Auf einer gut bemehlten Arbeitsfläche dünn ausrollen und die Fülle gleichmäßig auf beiden Teigflächen verteilen. Hefeteig einrollen, die Strudel mit der Naht nach unten auf das Backblech legen, mit verquirltem Ei bestreichen und mit einer Gabel mehrmals einstechen. Eine halbe Stunde bei Raumtemperatur aufgehen lassen.

5. Inzwischen den Backofen auf 175 °C Heißluft vorheizen und die Strudel dann ca. 40 Minuten backen.

TIPP
Gequetschter (gemahlener) Mohn schmeckt am besten frisch und sollte möglichst bald verarbeitet werden. Ist das nicht möglich, so kann er auch tiefgekühlt werden.

Dieses Rezept stammt aus der Café-Konditorei Ferstl aus Wiener Neustadt.

Weißer Mohnstrudel

Gezogener Strudelteig von
150 g Mehl (s. S. 176) oder
Fertigprodukt

4 Eier
120 g weiche Butter
50 g Zucker
Mark von ½ ausgeschabten
Vanilleschote
Abgeriebene Schale
von ½ Zitrone
120 g gut abgetropfter Topfen
Prise Salz
1 EL Maizena
80 g Zucker
150 g gemahlener weißer Mohn
aus dem Waldviertel
20 g Mehl

2 EL flüssige Butter für die
Förmchen

Garniturempfehlung
Rotweinfeigen, Preiselbeeren
oder beliebiges Kompott

UNSERE KLASSIKER

1. Strudelteig wie beschrieben vorbereiten.

2. Für die Füllmasse die Eier trennen.

3. Butter, Zucker, Vanille und Zitronenschale schaumig schlagen und nach und nach die Eigelbe zugeben. Zuletzt den Topfen unterrühren.

4. Eiweiße mit einer Spur Salz aufschlagen. Maizena mit Zucker vermischen, langsam unter die Eiweiße rühren und cremig-steif aufschlagen.

5. Unter den Abtrieb heben und Mohn sowie Mehl unterziehen.

6. Den Backofen auf 180 °C vorheizen und passende kleine Förmchen oder Kaffeetassen mit flüssiger Butter einfetten.

7. Strudelteig wie beschrieben ausrollen, dünn ausziehen und in kleinere Quadrate schneiden. Jedes Förmchen je nach Größe mit ca. 2 versetzt angeordneten Strudelteig-Blättern auskleiden.

8. Masse einfüllen, die Teigenden übereinanderklappen und nach Belieben mit Butter bestreichen.

9. Im vorgeheizten Backofen ca. 25 Minuten backen.

TIPP

Gequetschter (gemahlener) Mohn schmeckt am besten frisch und sollte möglichst bald verarbeitet werden. Ist das nicht möglich, so kann er auch tiefgekühlt werden.

Dieses Rezept
stammt von Gabi &
Herbert Strahammer
aus dem Restaurant
„'s Schulhus“
in Krumbach.

Powidl-Mohn-Strudel

einfache Menge
Mürbteig (s. S. 187)

60 g fein gemahlener Mohn
170 g Powidl
30 g Feinkristallzucker
50 g in Rum eingelegte Rosinen oder Korinthen
10 ml Rum oder mehr nach Geschmack
etwas unbehandelte Zitronenschale

Butter für das Backblech
Puderzucker zum Bestreuen

1. Für die Powidlfülle den gemahlenen Mohn mit Powidl, Zucker sowie den eingelegten Rosinen vermengen. Mit einem mehr oder weniger großen Schuss Rum und Zitronenschale aromatisieren.

2. Den Mürbteig wie beschrieben vorbereiten und auf einer bemehlten Arbeitsfläche 2–3 mm dick ausrollen.

3. Den Backofen auf 165–175 °C Heißluft vorheizen, das Backblech mit Butter einfetten.

4. Die Powidl-Mohn-Masse messerrückendick auf die Mürbteigplatte auftragen. Zu einem Strudel zusammenrollen, dabei etwas andrücken. Dafür am besten den Teig auf eine Silikonmatte oder Backtrennpapier legen. So kann der Strudel bereits beim Einrollen gut angedrückt werden.

5. Strudel auf das vorbereitete Backblech setzen und im vorgeheizten Ofen ca. 25 Minuten goldbraun backen.

6. Etwas abkühlen lassen und mit Puderzucker bestreuen.

TIPP

Gerät die Masse zu weich, so erhält sie durch die Zugabe von Keks-, Biskuit- oder Semmelbröseln mehr Kompaktheit.

Variationsmöglichkeiten

- Wenn Sie den Strudel eher klein formen und nach dem Backen in dünne Scheiben schneiden, so ergibt das recht aparte Kekse.
- Bestreichen Sie den Strudel vor dem Backen eventuell mit verquirltem Ei.
- Überziehen Sie den kalten Strudel mit Schokoladenglasur.
- Verwenden Sie statt Mohn auch Nüsse, Kürbiskerne oder eine Nussmischung.
- Besonders dekorativ sieht der Strudel aus, wenn Sie ihn gegengleich von der Längsseite zur Mitte hin einrollen.

Mohnstrudel mit Fruchteinlage

Gezogener Strudelteig von 150 g Mehl (s. S. 176) oder Fertigprodukt

125 ml Milch
130 g fein gemahlener Mohn
2 Eier
90 g weiche Butter
20 g Feinkristall-, Gelb-, Roh-, Rohr-, Voll- oder fein gesiebter Puderzucker für den Abtrieb
Schale von ½–1 unbehandelten Zitrone
1 TL Vanillezucker
je 1 Prise Salz und Zimt
40 g Feinkristallzucker für den Schnee
30 g glattes Weizen- oder feines Dinkelmehl
40 g zerlassene Butter zum Bestreichen
Butter oder Milch bei zu harter Kruste zum Bestreichen

Für die Fruchteinlage
150–200 g Früchte nach Belieben (Marillen, Zwetschken, Äpfel, Birnen, Kirschen, Weichseln, Heidelbeeren, Johannisbeeren oder gebundene Fruchteinlage (s. rechte Seite) oder 20–40 g in Rum eingeweichte Rosinen, Korinthen oder Sultaninen

Für den Guss
150 ml Milch
2 Eier
10 g (ca. 1 EL) Vanillezucker
Prise Salz

1. Strudelteig wie beschrieben vorbereiten.

2. Für die Mohnfülle die Milch in einem Topf aufkochen lassen. Mohn einrühren und ca. 20 Minuten quellen lassen.

3. Eier trennen. Butter mit Zucker, Zitronenschale, Vanillezucker, Salz sowie Zimt schaumig rühren. Eigelbe nach und nach einrühren.

4. Eiweiße mit Feinkristallzucker zu Schnee schlagen. Mohnmasse unter den Abtrieb mengen und den Eischnee abwechselnd mit dem Mehl behutsam unterheben.

5. Den Backofen auf 165–185 °C Heißluft vorheizen. Eine hohe Kastenform von 40 cm Länge mit Backtrennpapier auskleiden (damit der Strudel gut herausgenommen werden kann).

6. Strudelteig ausrollen, wie beschrieben ausziehen und die Mohnfülle auf ein Drittel des Teiges vorsichtig aufstreichen. Vorbereitete Früchte oder marinierte Rosinen auftragen und verbliebene Teigfläche mit Butter bestreichen, dickere Teigränder abschneiden, seitlich leicht einschlagen und zu einem Strudel einrollen.

7. In die vorbereitete Backform setzen und im vorgeheizten Backofen zunächst ca. 15 Minuten anbacken.

8. Inzwischen für den Guss die Milch mit den übrigen Zutaten verquirlen.

9. Dann Strudel mit dem Guss übergießen und noch ca. 25–35 Minuten fertig backen.

10. Ist die Teigkruste nach dem Backen zu hart, mit zerlassener Butter oder Milch bestreichen.

TIPP
Am besten schmeckt Mohn, wenn er erst unmittelbar vor der Verarbeitung gemahlen wird.

Variationsmöglichkeiten

- Wenn Sie Weißmohn verarbeiten, so erhält der Strudel einen besonders nussigen Geschmack.
- Besonders fein schmeckt der Guss, wenn Sie einen Teil der Milch durch Schlagobers ersetzen.
- Reiben Sie vor dem Einrollen über die gesamte Fülle einen Apfel oder eine Birne, oder bestreuen Sie die Füllmasse mit geriebenem Marzipan.

UNSERE KLASSIKER

Fruchtstrudel

Gezogener Strudelteig von 150 g Mehl (s. S. 176) oder beliebig anderer Teig

Butterbrösel nach Bedarf
Flüssige Butter zum Bestreichen
Puderzucker zum Bestreuen

Für die Fruchteinlage
250 ml Fruchtsaft, Weißwein, Kompottsaft
40 g Vanille- oder Schokoladenpuddingpulver oder Weizenstärke
300 g Früchte oder Fruchtmischung nach Wahl (Weichseln, Kirschen, Ananas, Marillen, Zwetschken, Pfirsiche, Trauben, Heidelbeeren, auch Kompottfrüchte)
Zucker oder Honig nach Geschmack

Verwendung
Diese gebundene Fruchteinlage bleibt beim Backen recht kompakt und gut in Form und eignet sich daher nicht nur zum Füllen von Strudeln, sondern auch zum Verfeinern von anderen Füllmassen (z. B. Mohnstrudel)

UNSERE KLASSIKER

1. Strudelteig wie beschrieben vorbereiten.

2. Für die Füllmasse den Fruchtsaft (oder andere Flüssigkeit) in einem Topf mit Puddingpulver oder Stärke glatt rühren. Unter ständigem Rühren aufkochen und eindicken lassen. Wieder vom Herd nehmen und abkühlen lassen.

3. Die Früchte entsprechend vorbereiten (entkernen, zerkleinern) und unter die abgekühlte Masse mengen. Nach Geschmack süßen.

4. Den Backofen auf 165–180 °C Heißluft vorheizen und ein Backblech oder eine -form mit flüssiger Butter einfetten bzw. mit Backpapier belegen.

5. Fülle wie im Strudel-Grundrezept beschrieben auf den ausgezogenen Teig auftragen, dabei frei bleibenden Teig nach Belieben mit Butterbröseln bestreuen und zu einem Strudel einrollen. Auf das Blech setzen und mit flüssiger Butter bestreichen. Im heißen Backofen ca. 30–40 Minuten backen. Herausheben, kurz abkühlen lassen und nach Belieben mit Puderzucker bestreuen.

Zwetschkenstrudel

250 g Blätterteig (s. S. 180), Topfenblätterteig oder gezogener Strudelteig von 150 g Mehl (s. S. 176)

700 g entkernte, halbierte oder geviertelte Zwetschken (am besten Hauszwetschken)
50 g geriebener Nuss- oder Kürbiskernkrokant (s. S. 215)
ca. 70 g Semmelbrösel, je nach Flüssigkeitsgehalt der Früchte
50–80 g Feinkristall-, Gelb-, Roh-, Rohr- oder Vollzucker
10 g Vanillezucker
Zimt
20 ml Zwetschkenschnaps oder Rum nach Belieben

Butter und 1 verquirltes Ei zum Bestreichen
Puderzucker zum Bestreuen

1. Teig wie im Grundrezept beschrieben vorbereiten.

2. Zwetschken in einer Schüssel mit Krokant, Bröseln, Zucker, Vanillezucker und Zimt sowie Rum nach Belieben vermischen.

3. Den Backofen je nach Herdart auf 175–190 °C Heißluft vorheizen und ein Backblech oder eine -form mit Butter einfetten bzw. mit Backpapier auskleiden.

Blätterteig ausrollen, Zwetschken in der Mitte auftragen und die Teigenden darüberschlagen. Enden gut verschließen und Strudel auf das Backblech setzen. Mit verquirltem Ei bestreichen und im vorgeheizten Backofen ca. 30–35 Minuten backen. (Strudelteig wie beschrieben ausziehen, füllen, einrollen und mit flüssiger Butter bestreichen.)

4. Herausnehmen, abkühlen lassen und nach Belieben mit Puderzucker bestreuen.

TIPP

Sind die Zwetschken zu weich oder zu saftig, so mengen Sie einfach 10 g Vanille- oder Schokoladenpuddingpulver mit Zucker, Bröseln und/oder Krokant unter.

Variationsmöglichkeiten

- Tragen Sie vor dem Belegen mit Zwetschken als Unterlage noch etwas Mohn- oder Nussfülle auf den Teig auf.
- Ersetzen Sie Zimt durch Lebkuchengewürz oder stellen Sie Krokant aus anderen beliebigen Nüssen, einer Nussmischung, Mandelblättchen oder Kokosflocken her.
- Aromatisieren Sie mit Zitronensaft, fein geriebener Zitronenschale, eingelegtem oder kandiertem Ingwer.

Marillenstrudel

Zutaten für 2 Strudel

Für den Teig
250 g glattes Mehl
4 g Salz
1 Eigelb
20 g Öl
100 ml Sauerrahm
100 ml lauwarmes Wasser
Spritzer Essig

Öl zum Bestreichen
ca. 100 g flüssige Butter zum Bestreichen
Puderzucker zum Bestreuen

Für die Fülle
80 g Butter
100 g Semmelbrösel
1,5–2 kg Marillen
80 g Zucker
Zimt

Garniturempfehlung
Vanillesauce

Dieses Rezept stammt von Elfriede Topf aus Gmunden.

1. Für den Teig alle Zutaten verrühren und den Teig so lange kneten (Küchenmaschine od. Mixer), bis er sich von der Schüssel löst. Falls der Teig sehr klebrig ist, noch 1–2 EL Mehl zugeben. Teig halbieren und zu 2 Kugeln formen; diese auf ein geöltes Blech legen, mit Öl bestreichen und mit Frischhaltefolie abdecken. Mindestens 30 Minuten ruhen lassen.

2. Inzwischen die Butter schmelzen und Brösel darin goldgelb rösten. Marillen entkernen und halbieren.

3. Den Backofen je nach Herdart auf 175 °C Heißluft vorheizen und ein Backblech mit Butter einfetten oder mit Backpapier auskleiden.

4. Dann den Teig direkt vom Blech auf ein gut bemehltes Tuch geben (er darf auf keinen Fall mehr zusammengeschlagen werden, da er sonst noch einmal ruhen müsste – lässt sich sonst nicht mehr ziehen!). Etwas ausrollen und dünn ausziehen (siehe Strudelteig). Mit Butterbröseln bestreuen und auf zwei Drittel des Teiges Marillen, Zucker und Zimt verteilen. Dicke Ränder abschneiden und auf die Fülle legen. Mithilfe des Tuches zuerst die Ränder von den Seiten her einschlagen und dann der Länge nach locker einrollen. Zweiten Strudel ebenso füllen und formen.

5. Die Strudel auf das Backblech legen, mit flüssiger Butter bestreichen und ca. 35–40 Minuten backen.

6. Vor dem Servieren mit Puderzucker bestreuen.

Variationsmöglichkeit

- Die Marillen können je nach Saison auch mit Kirschen oder anderen Früchten gemischt werden.

Erdbeerstrudel

Gezogener Strudelteig
von 150 g Mehl (s. S. 176)
oder Fertigprodukt
1 Biskuitstreifen von 40 cm
Länge und ca. 10 cm Breite
(s. S. 196)

Für den Belag
100 ml Milch
40 g Feinkristallzucker
15 g Vanillepuddingpulver
Schale von ½ unbehandelten
Zitrone
etwas Vanillezucker
10 ml Rum oder beliebiger Likör
bzw. Alkohol (Maraschino,
Cointreau, Amaretto etc.)
100 g Topfen oder Sauerrahm
60 g Johannisbeer- oder
Erdbeermarmelade
ca. 350 g frische, ganze
Erdbeeren
eventuell 30 g Marzipan
oder Butterbrösel
Puderzucker zum Bestreuen

Garniturempfehlung
Vanilleeis

1. Strudel- und Biskuitteig wie beschrieben vorbereiten.

2. Für den Belag die Milch mit Zucker, Puddingpulver, geriebener Zitronenschale sowie Vanillezucker verrühren und unter ständigem Rühren (mit einem Schneebesen) aufkochen. Wieder vom Herd nehmen und kurz abkühlen lassen. Dann Rum zugießen, Topfen einrühren und die Masse glatt rühren.

3. Strudelteig ausziehen. Biskuitstreifen mit ca. 10 cm Abstand zum Teiganfang auf den Strudel legen. (So kann der Teig später über die Füllung geklappt werden, und der Strudel lässt sich besser einrollen.)

4. Marmelade (am besten mit einer Winkelpalette oder Tortenschaufel) auf den Biskuitstreifen streichen, darauf die Topfenmasse auftragen und dicht mit ganzen Erdbeeren belegen (keine gefrorenen Erdbeeren verwenden, da dadurch zu viel Fruchtsaft austreten würde).

5. Nach Belieben Marzipan mit einer feinen Reibe darüberreiben oder Brösel darüberstreuen.

6. Den Backofen auf 220 °C vorheizen und ein Backblech oder eine -form mit Butter einfetten bzw. mit Backpapier auskleiden.

7. Teiganfang über die Fülle schlagen und behutsam zu einem Strudel einrollen. Das Biskuitblatt muss dabei unten zu liegen kommen.

8. Den Strudel auf einen Papierstreifen setzen und damit auf das Blech ziehen. Im vorgeheizten Backofen ca. 12–14 Minuten hell backen.

9. Vor dem Aufschneiden kurz abkühlen lassen. Nach Belieben mit Puderzucker bestreuen.

Weichsel- oder Kirschenstrudel

Gezogener Strudelteig von
150 g Mehl (s. S. 176) oder
ca. 200 g Blätter-, Plunder- oder
Topfenmürbteig

80 g Brösel von entrindetem
Weißbrot (Mie de Pain,
s. S. 214)
40 g Haselnuss- oder
Mandelblättchen
50 g fein geriebene Nüsse nach
Belieben
30 g fein gemahlener Krokant
nach Belieben
1 Glas oder Dose eingelegte
Weichseln oder Kirschen mit
500 g Fruchteinwaage
(100 ml Saft auffangen)
ca. 80 g Zucker
Prise Zimt
20 ml Weichsel- oder Kirsch-
schnaps zum Beträufeln
nach Belieben

Zerlassene Butter und
verquirltes Ei zum Bestreichen
nach Bedarf
Puderzucker zum Bestreuen

1. Teig wie beschrieben vorbereiten.

2. Weißbrotbrösel mit Nussblättchen, geriebenen Nüssen und Krokant vermischen, mit dem aufgefangenen Fruchtsaft verrühren und etwas stehen lassen. Dann restliche Zutaten untermengen und die Füllmasse abermals einige Zeit ziehen lassen.

3. Den Backofen je nach Herdart auf ca. 165–175 °C Heißluft vorheizen und ein Backblech oder eine -form mit Butter einfetten bzw. mit Backpapier auskleiden.

4. Strudelteig wie beschrieben ausziehen, mit zerlassener Butter bestreichen und das obere Drittel des Teiges mit der Fülle belegen. Nach Belieben mit Kirschschnaps beträufeln, zu einem Strudel einrollen und in die Form legen. Mit flüssiger Butter bestreichen. (Bei anderen Teigen die Fülle in der Mitte platzieren, Teigenden übereinanderschlagen, auf das Blech setzen und mit verquirltem Ei bestreichen.) Im vorgeheizten Backofen 30–40 Minuten backen. Dabei den gezogenen Strudelteig gegen Ende der Backzeit wiederholt mit zerlassener Butter bepinseln.

5. Mit Puderzucker bestreut servieren.

Variationsmöglichkeiten

- Verwenden Sie auch andere Kompottfrüchte, nach Belieben auch gemischt.
- Verarbeiten Sie anstelle von Krokant etwas mehr Nüsse.

Beerenstrudel

Gezogener Strudelteig von 150 g Mehl (s. S. 176) oder Fertigprodukt

3 Eier
80 g Feinkristallzucker
Prise Vanillezucker
etwas abgeriebene Zitronenschale
Prise Salz
60 g fein geriebene Haselnüsse, Mandeln, Kürbiskerne oder eine Nussmischung
50 g glattes Weizen- oder feines Dinkelmehl
Zimt
ca. 300–350 g Beeren nach Belieben (Brom-, Him-, Erd-, Heidelbeeren, Rote oder Schwarze Johannisbeeren)

ca. 30 g zerlassene Butter zum Bestreichen
Puderzucker zum Bestreuen

1. Strudelteig wie beschrieben vorbereiten.

2. Die Eier trennen und die Eigelbe mit der halben Zuckermenge, Vanillezucker und etwas abgeriebener Zitronenschale schaumig rühren.

3. Eiweiße mit einer Prise Salz und restlichem Zucker zu nicht zu festem Schnee aufschlagen.

4. Nüsse, Mehl sowie Zimt vermengen und abwechselnd mit dem Schnee unter die Eigelbmasse heben.

5. Den Backofen auf 175–185 °C Heißluft vorheizen, am besten eine passende Kasten- oder Backform (oder Backblech) mit Butter einfetten oder mit Backpapier auslegen.

6. Vorbereiteten Strudelteig ausziehen, die dicken Ränder wegschneiden und etwa ein Drittel des Strudelteiges mit der Masse bestreichen.

7. Die Beeren gleichmäßig darauf verteilen, restlichen Teig mit zerlassener Butter bestreichen, Seitenränder etwas einschlagen und locker zu einem Strudel einrollen.

8. In die vorbereitete Form setzen (auf einem Backblech eventuell einen Rahmen verwenden, damit der Strudel nicht ausläuft), mit Butter bestreichen und ca. 35–40 Minuten backen.

9. Vor dem Servieren mit Puderzucker bestreuen.

TIPP

Sollten Sie tiefgekühlte Beeren verwenden, so achten Sie darauf, dass diese viel mehr Flüssigkeit abgeben. Der Strudel weicht dadurch etwas auf und muss unter Umständen länger gebacken werden.

Variationsmöglichkeiten

- Verwenden Sie anstelle der Beeren auch entkernte Weintrauben, Marillen, Kirschen, aber auch gut abgetropfte eingelegte Weichseln, Zwetschken, Birnen- oder Apfelspalten.
- Die Masse kann auch mit einer Prise Zimt, Orangenschale, Ingwer, Nelken oder Lebkuchengewürz aromatisiert werden.
- Reiben Sie vor dem Einrollen mit einer feinen Reibe etwas Marzipan über die Füllmasse.

Schokoladenstrudel

Gezogener Strudelteig von
150 g Mehl (s. S. 176) oder
Fertigprodukt

170 g altbackenes Toastbrot
vom Vortag (oder Brioche, Milch-
brot, weißer Wecken, Semmeln,
aber auch Biskuit- oder Biskot-
tenbrösel)
ca. 170 ml Milch
4 Eier
60 g Butter
60 g Milch- oder dunkle
Kuvertüre (eventuell auch
Schokolade)
10 g (ca. 1 EL) Vanillezucker
10 ml Rum
40 g Feinkristallzucker
Prise Salz
1 TL Weizenstärke
60 g fein geriebene
Haselnüsse
60 g Haselnusskrokant
(s. S. 215)

Prise Zimt
Butter zum Bestreichen
Puderzucker zum Bestreuen

Garniturempfehlung
Vanilleeis, weiße Schokoladen
sauce, Weichsel-, Kirsch- oder
Beerenragout, Zimtäpfel

1. Strudelteig wie beschrieben vorbereiten.

2. Das altbackene Brot in einer Küchenmaschine fein reiben (cuttern), mit Milch übergießen und ca. 20 Minuten einweichen.

3. Inzwischen die Eier trennen. Butter mit Kuvertüre und Vanillezucker über einem heißen Wasserbad langsam schmelzen, aber nicht erhitzen. Eigelbe und Rum einrühren.

4. Eiweiße mit Zucker, einer kleinen Prise Salz und Stärke zu cremig-steifem Schnee schlagen und mit Nüssen, Krokant, den eingeweichten Bröseln sowie Zimt unter die Schokoladenmasse ziehen.

5. Den Backofen auf 165–185 °C Heißluft vorheizen und die Seitenränder einer Kastenform mit Butter einfetten (siehe Tipp).

6. Den Strudelteig wie beschrieben ausziehen und die Fülle auf einen Teil des Teiges auftragen. Restlichen Teig mit flüssiger Butter bestreichen. Dicke Teigränder wegschneiden, die Ränder seitlich ein wenig über die Fülle schlagen und behutsam zu einem Strudel einrollen. Zuerst auf ein Backpapier legen und damit in die Kastenform ziehen. Im vorgeheizten Backofen ca. 45–50 Minuten backen.

7. Kurz abkühlen lassen und dann mit Puderzucker bestreuen.

TIPP
Da die Masse sehr weich ist, empfiehlt es sich, entweder eine Form rund um den Strudel zu stellen oder ihn wie oben beschrieben in einer Kastenform zu backen.

Dieses Rezept stammt von meiner Freundin Gerlinde Fischer aus Altmünster, die mich bei jedem meiner Bücher tatkräftig unterstützt.

Bananenstrudel

Gezogener Strudelteig von 150 g glattem Weizen- oder feinem Dinkelmehl (s. S. 176) oder Blätterteig bzw. Fertigprodukt

5 Bananen (ca. 800 g ohne Schale)
30 ml Zitronensaft
80 g warmer Honig
50–70 g geröstete Nüsse oder eine Nussmischung
80 g fein geriebene Schokolade oder Kuvertüre (hell, dunkel oder weiß)
80 g zerlassene Butter
eventuell ca. 10–20 g gerösteter Sesam

Garniturempfehlung
Schlagobers, frische Früchte und Vanille- oder Schokoladen-Ingwer-Eis, aber auch Schokoladen-, Schokolade-Rum- oder Vanillesauce zum Beträufeln

1. Strudelteig wie beschrieben vorbereiten.

2. Bananen halbieren und gut mit Zitronensaft einstreichen. Dann zuerst in Honig und anschließend in Nüssen und Schokolade wälzen (oder Honig mit Nüssen und Schokolade vermengen und die Bananen darin wenden).

3. Den Backofen auf 170–190 °C Heißluft vorheizen und eine passende Backform oder ein -blech mit Butter einfetten bzw. mit Backpapier auslegen.

4. Strudelteig wie beschrieben ausziehen und auf einen Teil des Teiges die Bananen auflegen. Mit etwas Sesam bestreuen und verbliebene Schokolade, Nüsse sowie Honig darauf verteilen.

5. Restlichen Teig mit zerlassener Butter beträufeln, zu einem Strudel einrollen und mit Butter bestreichen. Im vorgeheizten Backofen ca. 20–25 Minuten backen.

Variationsmöglichkeiten

- Ersetzen Sie die Nüsse durch Kokosflocken.
- Verteilen Sie vor dem Einrollen etwas klein geschnittenen eingelegten oder kandierten Ingwer obenauf.
- Ersetzen Sie den Honig durch Gelb-, Rohr-, Roh-, Vollzucker oder Ahornsirup.
- Wenn Sie fertig gekauften Strudelteig verwenden, so können Sie die kleinen Portionsstrudel auch in heißem Öl (ca. 155 °C) knusprig ausbacken.

Birnen-Lebkuchen-Strudel

Gezogener Strudelteig von 150 g Mehl (s. S. 176) oder Fertigprodukt

70 g weiche Butter
30 g Gelb-, Roh- oder Feinkristallzucker
10 g Vanillezucker
3 Eigelb
70 g klein gehackte Maroni (aus dem Glas, gefroren oder frisch gekocht)
40 g fein geriebene helle oder dunkle Schokolade
1–2 TL Lebkuchengewürz
3 Eiweiß
60 g Feinkristallzucker für den Schnee
40 g fein geriebene Walnüsse
40 g grob gehackte Walnüsse
ca. 50 g Lebkuchen-, Biskuit-, Biskotten-, Keks- oder Briochebrösel

Für die Einlage
20 g Feinkristallzucker
80 ml Apfel-, Orangen- oder Kompottsaft
1 TL Vanillepuddingpulver
Anis
Ingwer
Kardamom
10 ml Birnenschnaps oder Rum
350 g halbierte Birnen, ersatzweise Birnenkompott aus der Dose

Garniturempfehlung
Vanille- oder Orangensauce

1. Strudelteig wie beschrieben vorbereiten.

2. Für die Einlage zunächst Zucker in einem Topf hell karamellisieren. Mit Fruchtsaft aufgießen, Puddingpulver mit etwas Wasser oder Saft verrühren und mit dem Schneebesen in die kochende Flüssigkeit einrühren. Einkochen lassen. Mit Anis, Ingwer und Kardamom würzen und mit Schnaps aromatisieren. Birnen darin wälzen und ziehen lassen.

3. Für die Fülle Butter mit Zucker und Vanillezucker schaumig rühren. Eigelbe nach und nach einrühren. Maroni, Schokolade und Lebkuchengewürz untermengen.

4. Eiweiße mit Zucker zu nicht zu steifem Schnee schlagen und behutsam mit den Nüssen und Bröseln unter den Abtrieb mengen.

5. Den Backofen je nach Herdart auf 165–180 °C Heißluft vorheizen und eine passende Backform oder ein -blech mit Butter einfetten bzw. mit Backpapier auslegen.

6. Strudelteig wie beschrieben ausziehen, Schokoladenmasse auf einem Drittel aufstreichen, Birnen in der Mitte der Länge nach auflegen und so einrollen, dass die Birnen in der Mitte zum Liegen kommen. Auf das Backblech setzen. Mit flüssiger Butter bestreichen und 30–40 Minuten backen.

TIPP
Wenn Sie Lebkuchenbrösel verwenden, so könnten Sie die Menge des Lebkuchengewürzes auch etwas reduzieren.

Variationsmöglichkeiten

- Ersetzen Sie die Walnüsse durch Weiß- oder Graumohn, den Zucker auch durch Honig oder Ahornsirup.
- Verwenden Sie auch Hasel- oder Pekannüsse, aber auch Mandeln.

Marmeladestrudel

200 g glattes Weizen- oder feines Dinkelmehl
60 g Feinkristall-, Gelb-, Roh- oder Vollzucker
1 Pkg. Vanillezucker
1 Ei
80 g kühle Butter
30 ml Schlagobers
Prise Backpulver
Butter zum Bestreichen
ca. 250 g Johannisbeermarmelade oder beliebige Marmelade zum Füllen
Puderzucker oder Fondant nach Belieben

1. Mehl in einer Schüssel mit Zucker, Vanillezucker, Ei, der in Stückchen geschnittenen kühlen Butter, Schlagobers und einer Prise Backpulver rasch zu einem Mürbteig zusammenmengen.

2. Den Backofen je nach Herdart auf ca. 165–175 °C Heißluft vorheizen, eine Backform oder ein -blech mit Butter einfetten bzw. mit Backpapier auslegen.

3. Den Teig rechteckig ausrollen und etwa drei Viertel des Teiges mit Marmelade bestreichen. Zu einem Strudel einrollen, auf das vorbereitete Backblech legen und in den heißen Ofen schieben. Etwa 40–45 Minuten backen.

4. Nach Belieben mit Puderzucker bestreuen oder mit Fondantglasur überziehen.

Karotten-Kokos-Strudel

Gezogener Strudelteig von
150 g Mehl (s. S. 176) oder
Topfenmürbteig

100 g in Rum oder Wasser eingeweichte Dörrzwetschken,
Datteln oder Dörrmarillen
2 Eier
100 g Honig
Saft einer Zitrone
Schale einer unbehandelten
Zitrone
400 g fein geraspelte Karotten
150 g fein geriebene
Kokosflocken
200–250 g Sauerrahm
oder Topfen

Butter oder Ei zum Bestreichen

1. Strudelteig wie beschrieben vorbereiten.

2. Dörrfrüchte abtropfen lassen und klein schneiden.

3. Eier mit Honig hell und schaumig aufschlagen. Zitronensaft sowie -schale, Karotten, Kokosflocken, Sauerrahm und Früchte untermengen. Fülle kurz quellen lassen.

4. Den Backofen auf 165–180 °C Heißluft vorheizen. Fülle auf den vorbereiteten Strudelteig auftragen und zu einem Strudel einrollen. Mit flüssiger Butter (oder Ei) bestreichen und ca. 30–35 Minuten backen.

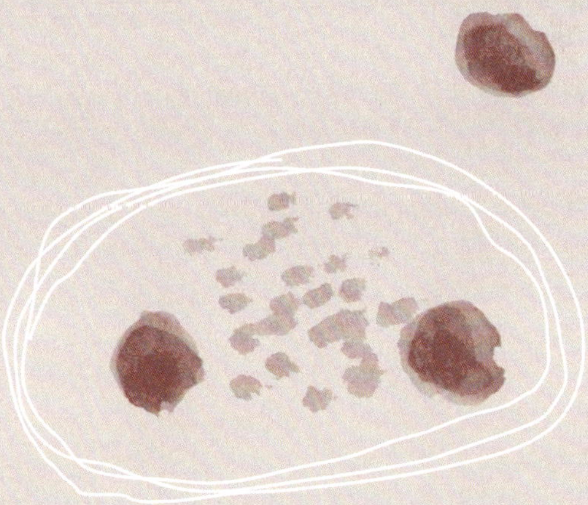

Reisstrudel mit Kirschen

Gezogener Strudelteig
von 150 g Mehl (s. S. 176)
oder Fertigprodukt

35 g Butter
150 g Rundkornreis
(auch Dinkel, Hirse, Weizen,
Gerste oder Buchweizen)
550–600 ml Milch
1 TL Vanillezucker
Prise Salz
1 ML unbehandelte
Zitronenschale
Prise Zimt
nach Belieben Orangenschale,
Koriander, Fenchel, Anis,
Lebkuchengewürz oder Ingwer
2–3 Eigelb
10 ml Rum
2–3 Eiweiß
50 g Feinkristall-, Gelb-, Rohr-,
Roh- oder Vollzucker, Honig
oder Ahornsirup
zum Belegen 150 g entkerntes,
gut abgetropftes Kirschen- oder
Weichselkompott

Butter zum Bestreichen
Puderzucker nach Belieben

1. Strudelteig wie beschrieben vorbereiten.

2. Butter in einem Topf aufschäumen. Reis darin kurz anschwitzen und immer wieder mit Milch aufgießen. Vanillezucker, eine Prise Salz, Zitronenschale, Zimt sowie Aromen (ohne Rum) nach Belieben zugeben und unter ständigem Rühren so lange einkochen, bis der Reis weich und die Flüssigkeit verdampft ist. Abkühlen lassen. Dann Eigelbe und Rum einrühren.

3. Eiweiße mit Zucker zu halbsteifem Schnee schlagen und behutsam unter die Reismasse mengen.

4. Den Backofen je nach Herdart auf ca. 165–185 °C Heißluft vorheizen und eine passende Backform oder ein -blech mit Butter einfetten bzw. mit Backpapier auslegen.

5. Strudelteig wie beschrieben ausziehen, auf einem Teil davon die Reisfülle auftragen und die Kirschen obenauf verteilen. Zu einem Strudel einrollen, Enden verschließen, in die Form setzen und mit flüssiger Butter bestrichen ca. 30–40 Minuten backen. Nach Belieben zuckern.

Variationsmöglichkeiten

- Verwenden Sie statt der Kirschen auch karamellisierte Apfel- oder Birnenwürfel, Marillen, Zwetschken, Pfirsiche, Heidelbeeren, Ananaskompott, Schokoladen- oder Nougatstücke, Rumrosinen, Powidl, Nuss- oder Mohnfülle, Dörrfrüchte (diese eventuell mit Wasser aufkochen oder in Läuterzucker/Rum oder Alkoholmischung marinieren).

Hochzeitsstrudel aus dem Karst

Für den Teig
25 g Hefe
200 ml lauwarme Milch
500 g glattes Weizen- oder feines Dinkelmehl
60 g Feinkristall-, Gelb-, Roh-, Rohr- oder Vollzucker
60 g zerlassene Butter
Prise Salz
1 Ei

1 verquirltes Ei zum Bestreichen
Butter, Mehl und Brösel für die Form

Für die Fülle
200 ml Milch
90 g Feinkristall-, Gelb-, Roh-, Rohr- oder Vollzucker
300 g fein gemahlene Hasel- oder Walnüsse, Mandeln etc.
150 g in Rum eingelegte Rosinen oder beliebige Dörr- oder Trockenfrüchte
Schale von ½ unbehandelten Zitrone
1 Pkg. Vanillezucker
20 ml Rum oder Zwetschkenschnaps
eventuell etwas Zimt oder Lebkuchengewürz

Nach einem Rezept von Christoph Wagner.

1. Hefe in lauwarmer Milch auflösen. In einer Rührschüssel mit dem Kochlöffel oder in einer Küchenmaschine mit dem Knethaken mit allen Zutaten vermengen und den Teig so lange schlagen, bis er geschmeidig ist. Schüsselboden mit Mehl bestäuben, Hefeteig daraufsetzen, mit einem Küchentuch oder Frischhaltefolie abdecken und so lange gehen lassen, bis sich das Volumen verdoppelt hat.

2. Herausnehmen und nochmals händisch kurz durchkneten. Für besonders feinporigen Teig diesen Vorgang (zusammenschlagen und gehen lassen) nach Belieben noch bis zu zweimal wiederholen.

3. Für die Fülle Milch mit Zucker aufkochen, alle Zutaten unterrühren und Aromen zugeben.

4. Den Backofen auf ca. 165–180 °C vorheizen und eine Torten- oder Kuchenform mit Butter einfetten und eventuell mit Bröseln ausstreuen.

5. Teig auf einer bemehlten Arbeitsfläche ausrollen, mit der Fülle bestreichen und zu einem Strudel zusammenrollen. Den Strudel in 4–5 cm dicke Stücke schneiden und aneinandergereiht in die Form setzen (oder zu einer Schnecke einrollen und in die Form setzen). Mit verquirltem Ei bestreichen und ca. 30–40 Minuten backen.

Variationsmöglichkeiten

- Bestreichen Sie den noch warmen Strudel mit heißer Marmelade und/oder mit einer Fondant- oder Zuckerglasur.
- Verfeinern Sie die Nussfülle durch 80 g zerlassene Butter.
- Bereiten Sie die Fülle statt mit Nüssen mit Mohn zu.
- Ersetzen Sie einen Teil der Nüsse durch Lebkuchen- oder Keksbrösel.

Die besten Ideen für die Verwertung von Strudelresten

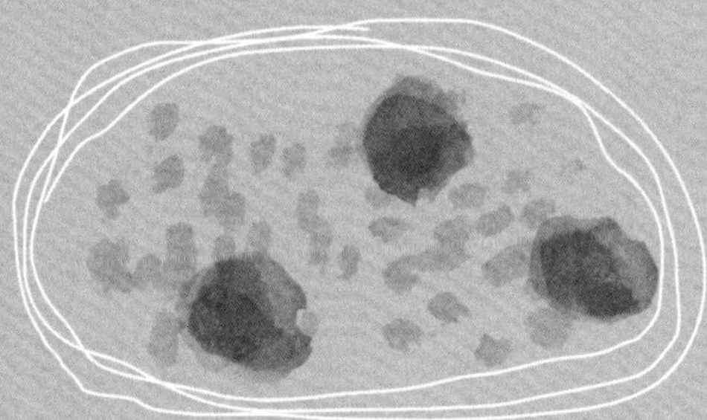

Strudelteigtörtchen

Reste von gezogenem
Strudel- oder Blätterteig etc.
Flüssige Butter oder verquirltes
Ei zum Bestreichen
Geschlagenes Obers,
Füllcreme, Beeren, Früchte etc.
nach Belieben
Puderzucker zum Bestreuen

1. Den Backofen auf 165–180 °C vorheizen.

2. Strudelteig dünn ausziehen und rund ausstechen.

3. Je nach Teig mit flüssiger Butter (Strudelteig) oder verquirltem Ei (Blätterteig) bestreichen und unter Aufsicht hellbraun backen.

4. Ausgekühlt mit Schlagobers oder beliebiger Füllcreme bestreichen und mit Beeren, Früchten etc. abwechselnd füllen. Mit einem Deckblatt abschließen und mit Puderzucker bestreuen.

Variationsmöglichkeiten

- Für karamellisierte Blätter bestreuen Sie diese vor dem Backen mit fein gesiebtem Puderzucker.
- Die Deckblätter können auch mit gehackten Nüssen oder Kernen bestreut werden.
- Für pikante Törtchen und Schnitten mit pikanten Aufstrichen füllen (Bärlauchaufstrich, Liptauer, Frischkäse, Garnelencocktail, Ricotta, Schaffrischkäse etc.).

Teigfladen (Zelten)

Strudelteigreste
Flüssige Butter und Salz oder
Sauce nach Belieben

Garniturempfehlung
Vanille-, Karamell-, Maroni- oder Bischofssauce, aber auch pikante Sauce wie Schnittlauchsauce, Joghurtsauce etc.

1. Die Reste eines ausgezogenen Strudelteiges nochmals zusammenkneten und abgedeckt kurz ruhen lassen.

2. Auf einer leicht bemehlten Arbeitsfläche sehr dünn, wenn möglich rund, ausrollen.

3. Eine beschichtete Pfanne ohne Fett erhitzen und die Fladen unter gelegentlichem Wenden backen, bis sie leicht gebräunt sind.

4. Rasch mit Sauce nach Belieben oder mit flüssiger Butter bestrichen und leicht gesalzen servieren.

Rahm-Apfel-Strudel mit Frittaten

Zutaten für eine Kuchen- oder Tortenform (ca. 26 cm Durchmesser)

Strudelteigreste von gezogenem Strudelteig, Topfenmürb-, Blätter- oder Mürbteig
300 g geschälte, entkernte, in kleine Spalten geschnittene säuerliche Äpfel (Boskop, Jonagold, Elstar)
30 g in Rum eingeweichte Rosinen
Zimtzucker nach Geschmack
Schuss Zitronensaft
Butter für die Form
Puderzucker zum Bestreuen

Für den Palatschinkenteig

200 ml Milch
ca. 140 g glattes Weizen- oder feines Dinkelmehl
2 Eier
Prise Salz
Öl oder Butter zum Backen

Für die Eiermilch

100 ml Milch
100 ml Schlagobers
2 Eier
eventuell grob gehackte Nüsse

Garniturempfehlung

Vanille- oder Fruchtsauce

1. Für die Palatschinken Milch mit Mehl glatt verrühren. Eier sowie Salz zugeben. In einer Pfanne in etwas Öl oder Butter nacheinander Palatschinken backen. Ausgekühlte Palatschinken in feine Streifen (Frittaten) schneiden.

2. Frittaten mit Äpfeln und Rosinen vermengen. Mit Zimtzucker und Zitronensaft abschmecken.

3. Den Backofen auf ca. 170–180 °C Heißluft vorheizen und die Tortenform mit flüssiger Butter auspinseln. Boden und Rand der Form mit den Strudelteigresten auskleiden, Füllmasse auftragen und im heißen Backofen ca. 10 Minuten anbacken.

4. Inzwischen für die Eiermilch alle Zutaten miteinander vermengen. Dann über die Masse gießen und den Strudel noch ca. 15–20 Minuten fertig backen. In gefällige Portionsstücke teilen und mit Puderzucker bestreut heiß servieren.

Variationsmöglichkeit

- Dieses aparte Apfelgericht kann selbstverständlich auch ohne Strudelteig zubereitet werden. Dabei kleidet man die Form mit Backpapier aus.

Blätterteigschnitten

Reste von Blätterteig
Verquirltes Ei zum Bestreichen
Geschlagenes Obers, Füllcreme, Beeren, Früchte etc. nach Belieben
Puderzucker zum Bestreuen

1. Den Backofen auf 185–195 °C vorheizen.

2. Blätterteig eckig oder rund ausstechen, mit verquirltem Ei bestreichen und unter Aufsicht hellbraun backen.

3. Wie Strudelteigtörtchen (s. S. 162) füllen und nach Belieben abwandeln.

Dekor aus Strudelteig

Reste von Strudel- oder Blätterteig etc.
Öl
Puderzucker zum Bestreuen (oder Honig)

1. Teig in Streifen schneiden und auf eine umgedrehte, geölte Form legen.

2. Den Backofen auf 170–180 °C vorheizen und den Teig hellbraun backen. Sofort von der Form lösen und auskühlen lassen.

3. Zuckern oder mit Honig beträufeln und als Garnitur für diverse Desserts verwenden.

Knusprig panierte „Strudelschnitzel“

Reste von pikanten Strudeln (Kartoffel-, Gemüse- oder Fleischstrudel etc.)
Mehl, verschlagene Eier und Semmelbrösel
Öl zum Ausbacken

Beilagenempfehlung
Knackiger Blattsalat

1. Strudel in Scheiben oder Stücke schneiden.

2. Wie Schnitzel in Mehl wenden, durch verschlagene Eier ziehen und in Semmelbröseln wälzen.

3. In einer großen Pfanne Öl erhitzen und die Strudelschnitzel darin auf beiden Seiten knusprig ausbacken.

Teigknusperchen

Strudelteigreste
Pflanzenöl oder Schmalz zum Braten

Garniturempfehlung
Je nach Teigart als Garnitur für Desserts, aber auch für Vorspeisen und Suppen

1. Teigreste dünn ausrollen und länglich schneiden.

2. In einer Pfanne Öl oder Schmalz erhitzen und die Teigstreifen darin knusprig braten.

Variationsmöglichkeiten

- Die dünnen Teigstreifen können auch mit zerlassener Butter bestrichen, mit Puderzucker oder einem Puderzucker-Zimt-Gemisch bestreut und im Backofen knusprig gebacken werden.
- Schneiden Sie den dünnen Teig in Dreiecke, Quadrate, Rhomben oder andere beliebige Formen.
- Füllen Sie knusprige Teigstreifen mit einer Creme nach Belieben.
- Pikante Teigstreifen können auch mit grobem Salz, Sesam, fein gemahlenen Nüssen oder gerösteten Kürbiskernen bestreut und als Garnitur für Suppen oder Vorspeisen gereicht werden.

Offene Strudelteigsäckchen

Reste von Strudelteig (auch Fertigprodukt)
Flüssige Butter und Öl
Ei oder Eiweiß zum Bestreichen
Füllcreme nach Belieben (Vanille-, Frucht- oder Schokoladencreme, Beeren und Früchte)

1. Den Backofen auf 165–180 °C vorheizen.

2. Strudelteig in gleichmäßige Quadrate schneiden, jeweils 2 übereinanderlegen und diese vorher mit Butter bestreichen.

3. Ränder mit Eiweiß oder Ei bestreichen, in eine geölte oder ausgefettete kleine Form oder Tasse so hineinsetzen, dass die Enden über den Rand hinausragen. Füllmasse jetzt einfüllen und hellbraun backen oder ungefüllt backen und erst nach dem Auskühlen beliebig füllen und garnieren.

Strudelteigsäckchen mit Marillen-Topfen-Fülle

Reste von Strudelteig (auch Fertigprodukt)
Ei oder Eiweiß zum Bestreichen
Flüssige Butter und Öl
Topfenfülle (s. Topfenstrudel nach Belieben) und Marillen als Fülle

1. Den Backofen auf 165–180 °C vorheizen.

2. Tassen oder kleine Formen wie beschrieben mit Teig auslegen.

3. Topfenfülle und Marillen einfüllen, die Ränder hochziehen und gut zusammendrücken. Wie beschrieben backen.

Strudelteigsäckchen mit süßer Grießfülle

Reste von Strudelteig
(auch Fertigprodukt)
Grieß-, Polenta- oder
Topfenfülle
Vanillesauce und Beeren
zum Garnieren
Ei oder Eiweiß zum Bestreichen
Flüssige Butter und Öl

1. Den Backofen auf 165–180 °C vorheizen.

2. Strudelteig wie beschrieben zu offenen Strudelteigsäckchen vorbereiten.

3. Masse einfüllen, Teig zusammendrücken und backen. Nach Belieben mit Vanillesauce und Beeren reichen.

Geflämmtes Strudelteigsäckchen

Reste von Strudelteig
(auch Fertigprodukt)
Ei oder Eiweiß zum Bestreichen
Flüssige Butter und Öl
Füllmasse und Früchte
nach Belieben
Eiweißglasur

1. Den Backofen auf 165–180 °C vorheizen.

2. Tassen oder kleine Formen wie beschrieben mit Teig auslegen. Mit einer Füllmasse nach Wahl füllen und die Ränder leicht hochziehen. Kurz anbacken und vor dem Ende der Backzeit etwas aufgeschlagene Eiweißglasur in die Vertiefung platzieren. Mit starker Oberhitze fertig backen. Abkühlen lassen, aus der Form nehmen und mit beliebigen Früchten anrichten.

Strudelteige – Grundrezepte und Basiswissen

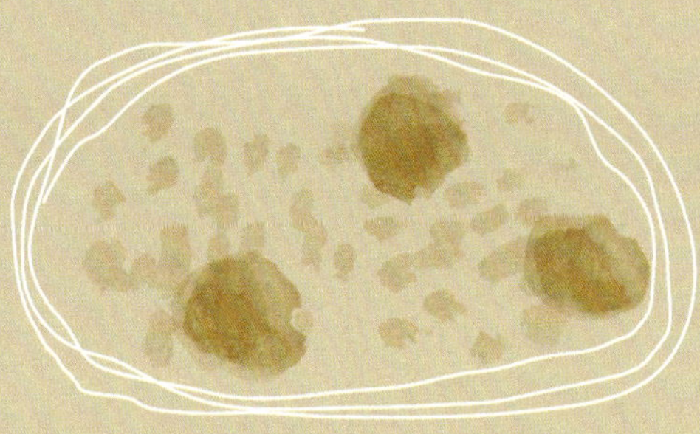

Tipps und Tricks für den perfekten Strudel

- Wenn Sie bei der Wassermenge unsicher sind, so beachten Sie folgende Faustregel: Im Allgemeinen wird ungefähr doppelt so viel Mehl wie Wasser verarbeitet.

- Bereiten Sie den Teig immer mit warmem Wasser zu, da er sich so besser verarbeiten lässt und feiner wird.

- Halten Sie den Strudelteig am Beginn Ihrer „Strudelerfahrungen" eher kompakter, aber mit genügend langer Ruhezeit, da Sie ihn so besser bearbeiten können. Die Lockerheit kommt mit der Übung automatisch.

- Ob sich ein Teig leicht ausziehen lässt, merken Sie sofort. Ist das nicht der Fall, so rollen Sie ihn zunächst wie gewohnt aus, bestreichen Sie ihn aber vor dem Ausziehen mit heißer Butter. Mit einem Tuch abdecken und 2–3 Minuten ruhen lassen. Erst dann fertig ausziehen.

- Je dünner der Strudelteig ausgezogen wird, umso besser blättert der Strudel. Nach einer alten Hausfrauenregel sollte man eine Zeitung durch den Teig lesen können.

- Haben Sie aber lieber mehr Teighülle, so bereiten Sie den Strudelteig aus 200 bzw. 250 g Mehl. Hierfür braucht der Teig dann nicht so dünn ausgezogen zu werden.

- Die weggeschnittenen dicken Teigränder keinesfalls wegwerfen, sondern die Teigreste nochmals verkneten, dünn ausrollen und in feine Streifen schneiden. Getrocknet als Suppeneinlage oder für ein feines Nudelgericht verwenden.

- Ausgezogener Strudelteig muss sofort weiterverarbeitet werden! Andernfalls trocknet er schnell aus und bricht beim Einrollen.

- Die Fülle immer nur auf ein Drittel oder Viertel der Teigfläche verteilen, restliche Teigfläche je nach Belieben mit zerlassener Butter oder Sauerrahm bestreichen.

- Obstfüllungen sollten vor dem Einrollen noch mit Butter- oder Biskuitbröseln bestreut werden, damit der Strudel nicht zu feucht gerät.

- Füllmassen wie Topfen-, Mohn- oder Nussfüllungen lassen sich am besten mit einer Winkelpalette auftragen.

- Damit der Strudel leichter auf das Backblech gelegt werden kann, empfiehlt sich folgender Tipp: Backpapier oder Mehrweg-Backmatte etwas länger als das Backblech und ca. 17 cm breit zuschneiden und auf das Ende des Tuches legen. So kann der Strudel vom Tuch auf das Papier gerollt und relativ gut auf das Backblech gezogen werden (s. Foto S. 175).

- Ist die Füllmasse sehr weich, so ist es ratsam, den Strudel in eine Form (siehe Foto S. 175) oder Rein zu legen oder ihn mit einer Form zu umstellen.

- Mit Ei bestrichener, ausgezogener Strudel bekommt eine eher harte Kruste. In diesem Fall nach dem Backen noch heiß mit Alufolie oder einem Baumwolltuch abdecken oder mit Milch einstreichen und abkühlen lassen. Dadurch wird die Kruste wieder weich, er blättert allerdings nicht so schön.

- Um ein starkes Aufreißen zu verhindern, kann der Strudel nach kurzer Backzeit mit einer Gabel kurz „gestupft" (mehrmals angestochen) oder aber auch mit einer Nadel in gleichmäßigen Abständen durchstochen werden.

Strudel eignen sich auch zum Einfrieren, je nach Fülle sowohl ungebacken als auch fertig gebacken.

Mehl
Zucker
125
200
50 MILLILITRES
40ml
2 tbsp
30ml
1 tbsp
20ml
½ tbsp

Strudelbacken in größeren Mengen

- Möchten Sie einmal mehrere Teigblätter übereinander oder eine größere Menge an Strudeln zubereiten, so können Sie auch kaltes Wasser verarbeiten, wodurch der Teig fester wird. Der Strudelteig kann in diesem Fall auch schon einmal über Nacht im Kühlschrank ruhen. Die einzelnen Teigkugeln werden dafür mit Öl bestrichen, in Frischhaltefolie gewickelt und kühl gestellt. Vor der weiteren Verarbeitung muss der Teig allerdings wieder auf Raumtemperatur gebracht werden. Kühler Teig lässt sich nämlich nur schwer ausziehen. Am besten gelingt das, indem Sie eine Schüssel mit heißem Wasser ausspülen, abtrocknen, diese über den abgedeckten Teig stülpen und den Vorgang mehrmals wiederholen (Schüsseltrick). Dann die einzelnen Teigstücke nach und nach ausrollen, so entspannt sich der Teig und kann dann schneller ausgezogen werden. (Für diese Zubereitung sollte ein entsprechend großer Tisch zur Verfügung stehen.) Anschließend mit den Händen ebenfalls dünn ausziehen.

Tipps und Tricks rund um die Fülle

- Im Allgemeinen können alle Füllmassen mit allen Teigen kombiniert werden. Lassen Sie Ihrer Kreativität also freien Lauf.

- Achten Sie darauf, dass die Füllmasse nicht zu weich oder zu flüssig gerät. Die Zugabe von Bröseln oder Grieß, bei Obst auch Saftbinder, kann hier wahre Wunder wirken.

- Ist die Füllmasse dennoch zu weich, so platzieren Sie den Strudel in eine möglichst enge Backform oder stellen Sie einen Backrahmen rundherum (siehe Foto S. 175).

- Sorgen Sie dafür, dass die Enden des Strudels gut verschlossen sind, damit die Füllmasse nicht austreten kann.

Einstreich-Möglichkeiten für unterschiedliche Strudelteige

- Je nach Beschaffenheit der gewählten Teigart können und sollen Strudel vor dem Backen unterschiedlich eingestrichen werden. Zum Einstreichen verwenden Sie am besten Pinsel, wobei in keinem Fall zu dick aufgetragen werden sollte. Welchen Teig Sie womit bestreichen, ist neben der verarbeiteten Fülle vor allem auch vom persönlichen Geschmack abhängig. Letztlich gilt aber als Faustregel, dass besonders fette Teige – wie etwa Blätter- oder Plunderteig – nicht mit Öl oder Butter, sondern besser mit verquirltem Ei bestrichen werden. Folgende Produkte eignen sich prinzipiell zum Einstreichen von Strudeln:

- Zerlassene Butter: für Strudelteig und Vollkornstrudelteig

- Verquirltes Ei: für Blätter- und Plunderteig, Kartoffelblätterteig, Topfenteig, Mürbteig, Sauerrahmteig, Vollkorntopfenteig, Hefeteig, Pizzateig

- Verquirltes Ei oder Eigelb, mit etwas Wasser, Obers oder Milch verdünnt: für Blätter- und Plunderteig, Kartoffelblätterteig, Topfenteig, Mürbteig, Sauerrahmteig, Vollkorntopfenteig, Hefeteig, kalten Hefeteig, Pizzateig

- Sauerrahm, Joghurt oder Crème fraîche, mit etwas Wasser oder Milch glatt gerührt: Strudelteig, Vollkornstrudelteig, Hefeteig, kalter Hefeteig, Pizzateig, Topfenteig

- Öl, Olivenöl: Pizzateig, Strudelteig, Vollkornstrudelteig

TIPP

Mit Ei eingestrichene Strudel werden besonders kompakt und knusprig. Gerät Ihr Strudel einmal allzu knusprig, um nicht zu sagen hart, dann hilft folgender Trick: Nach dem Backen mit einem Tuch abdecken oder mit Wasser, Salz- oder Zuckerwasser mehrmals bestreichen. Der Strudel wird dadurch wieder weicher.

Bildgalerie zur Strudelzubereitung

1 Mise en place zum Ausziehen des Strudelteiges: weiches Baumwolltuch (Tischtuch oder Deckserviette), Nudelholz, Mehl glatt oder griffig zum Bestäuben des Tuches, Strudelteig auf dem Teller

2 Strudelteig vom Teller nehmen, am besten mit einer Teigkarte.

3 Teig auf das gut bemehlte Tuch legen und mit dem Nudelholz ansatzweise rechteckig ausrollen.

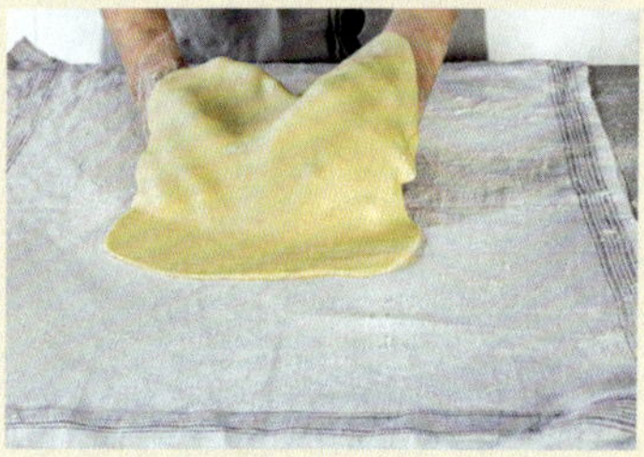

4 Teig mit bemehlten Handrücken untergreifen und aufnehmen, vorsichtig mit abgewinkelten Fingern leicht auseinanderziehen.

5 Je nach Fertigkeit mit den Händen den Teig über die Handrücken auseinanderziehen bzw. den Teig nach unten abgleiten lassen.

6 Ausgezogenen Teig auf das bemehlte Tuch auflegen.

7 Teig mit den Fingern rechteckig ausziehen. Hierbei helfen Kinder gerne mit! Teig nur etwas breiter als die Blechlänge ausziehen.

8 Fülle (in diesem Fall Apfelstrudelfülle) etwa auf ein Drittel auftragen.

9 Restliche Teigfläche mit zerlassener Butter bestreichen.

10 Dickere Teigränder abschneiden, darauf achten, dass sie nicht mit Fülle vermengt werden. Der Teig kann so wieder zusammengemengt und nach kurzer Ruhezeit nochmals ausgezogen und gefüllt werden. Das reicht für einen kleinen Strudel. Bei der Zubereitung von ca. 3 Strudeln bleibt meist so viel Teig, dass noch ein weiterer großer damit bereitet werden kann. Oder die Teigreste (siehe Tipp S. 170) weiterverarbeiten.

11 Teigränder neben der Strudelfülle einklappen und Strudeltuch leicht anheben.

12 Strudel locker aufrollen.

13 Auf Backpapier gleiten lassen und damit auf ein vorbereitetes Blech setzen.

14 Mit flüssiger Butter bestreichen.

15 Bei Strudeln mit besonders weicher Füllmasse eventuell eine Form beistellen, damit der Strudel seine Form behält.

Variationsmöglichkeiten

- Aromatisieren Sie je nach Strudelfüllung die „Eistreiche" mit Salz, Pfeffer, Muskatnuss oder anderen pikanten Gewürzen.
- Für süße Strudel können Sie mit Gelb-, Roh-, Rohr-, Voll- oder Feinkristallzucker variieren.
- Auf den eingestrichenen Strudel können – abermals je nach gewählter süßer oder pikanter Fülle – Hagel- oder Buntzucker, Mandel- oder Haselnussblättchen, Mandelstifte, Kürbiskerne, beliebige Nussmischungen, Mohn, getrocknete Kräuter, Käse (eventuell erst nach der halben Backzeit), Pistazien, Pinienkerne, Sesam, grobes Salz oder Kümmel gestreut werden.

Strudelteig-Grundrezept

Für Strudelteig aus 150 g Mehl

150 g glattes Weizenmehl oder feines Dinkelmehl
15 g Öl (etwa Sonnenblumenöl)
ca. 80 ml lauwarmes Wasser
½ TL Essig oder Weißwein
Prise Salz
Mehl zum Verarbeiten
Öl zum Bestreichen beim Ruhen

Für Strudelteig aus 200 g Mehl

200 g glattes Weizenmehl oder feines Dinkelmehl
ca. 110 ml lauwarmes Wasser
20 g Öl (etwa Sonnenblumenöl)
Prise Salz
Spritzer Essig oder Weißwein
Mehl zum Verarbeiten
Öl zum Bestreichen beim Ruhen

Zerlassene Butter zum Beträufeln und Bestreichen, evtl. Brösel/Butterbrösel

1. Die möglichst exakt abgewogenen Zutaten alle zusammen am besten in eine Schüssel geben und mit einer Teigkarte oder Teigspachtel von innen nach außen langsam miteinander vermischen. Wenn Sie den Teig mit den Händen vermengen, so können Sie dabei auch Einweghandschuhe überziehen.

2. Sobald der Teig glatt ist, auf die Arbeitsfläche geben und mit dem Handballen kräftig durchkneten, bis der Teig geschmeidig ist und Blasen wirft. Dabei kann der Teig auch mehrmals zu einem Strang geformt und auf die Arbeitsfläche geschlagen werden. Dann immer wieder zusammenmengen. (Der Teig kann auch in der Rührschüssel mit dem Knethaken zubereitet werden, sollte aber am Ende ebenfalls noch kurz mit den Händen durchgeknetet werden. Klebt der Teig dabei auf der Arbeitsfläche, so arbeiten Sie noch zusätzlich etwas Mehl ein.)

3. Teig zu einer Kugel formen. Teig mit Öl bestreichen und auf einen Teller legen. Mit Frischhaltefolie abdecken und ca. 30 Minuten bei Raumtemperatur ruhen lassen, damit sich der Teig anschließend gut ausziehen lässt. (Noch besser kann der Teig ruhen, wenn Sie eine Schüssel mit heißem Wasser ausspülen, abtrocknen und die Teigkugel damit abdecken. Spülen Sie die Schüssel im weiteren Verlauf noch 1- bis 2-mal heiß aus.)

4. Dann ein Strudeltuch (großes Baumwolltuch) gut mit Mehl bestreuen, Teig auflegen und mit Mehl bestäuben. Mit einem Nudelholz gleichmäßig der Länge und der Breite nach dünn ausrollen.

5. Mit den Händen (Handrücken nach oben) unter den Teig greifen, Teig aufnehmen (hochheben) und mit dem Handrücken behutsam auseinanderziehen. Auf das bemehlte Tuch zurücklegen und von der Mitte nach außen zur Tischkante hin fertig ausziehen. Der Teig sollte so dünn ausgezogen werden, dass er durchscheinend ist.

6. Dicke Ränder des ausgezogenen Strudelteigs wegschneiden (siehe Tipps S. 170).

7. Füllen: Dafür das obere Teigdrittel je nach Fülle mit Bröseln bestreuen, die ganze Teigfläche mit nicht zu heißer zerlassener Butter beträufeln und die Fülle im oberen Drittel auftragen. Die Ränder seitlich ein wenig über die Fülle schlagen.

8. Das Tuch mit beiden Händen anheben und die obere Teigkante über die Fülle schlagen. Tuch immer höher anheben und straff gespannt halten, bis sich der Strudel eingerollt hat und auf der „Naht" (Verschlussstelle) zu liegen kommt. Enden gut verschließen.

Einstreich-Möglichkeiten
Flüssige Butter, Öl, Sauerrahm, Joghurt oder Crème fraîche, mit etwas Wasser oder Milch glatt gerührt, nach Wahl zum Bestreichen

Zubereitungszeit
ca. 1 Stunde mit Ruhenlassen

Backzeit
35–50 Minuten je nach Fülle

Backofentemperatur
165–195 °C Heißluft je nach Strudel und Herdart; beim Backen mit Heißluft Strudel in die Mitte des Ofens schieben. Wird mit Ober- und Unterhitze gebacken, Blech auf die zweitunterste Schiene schieben.

9. Je nach Strudelart den fertig gerollten Strudel mit dem Teigende nach unten und mithilfe des straff gespannten Tuches behutsam auf ein vorbereitetes Blech, eine Backform oder Pfanne rollen.
Oder den Strudel mit dem Teigende nach unten auf einen vorbereiteten Papierstreifen (siehe Foto S. 175) abrollen – das vereinfacht den Transport auf das Blech.
Bei Teighüllen (Blätter, Topfen, Hefe) hebt man den Teig von Hand auf das vorbereitete Backblech.

10. Mit zerlassener Butter oder beliebiger Einstreich-Möglichkeit bestreichen und im vorgeheizten Backofen bei 165–195 °C Heißluft (je nach Herdart) 35–50 Minuten je nach Füllmasse goldbraun backen. Dabei müssen Strudel mit Obstfüllung auf höherer Temperatur gebacken werden als Strudel mit weicher, streichfähiger Füllmasse.

Variationsmöglichkeiten

- Der Teig kann auch auf einen mit Mehl bestreuten Teller gelegt und nur an der Oberfläche mit Öl bestrichen und mit Frischhaltefolie abgedeckt werden. Nehmen Sie in diesem Fall den Teig mit einer Teigkarte vorsichtig ab.

TIPP
Auf www.pernkopf.info finden Sie ein Video zur Strudelzubereitung.

Strudelteig für gekochten Strudel

150 g glattes Weizenmehl Typ 700 oder feines Dinkelmehl
15 g Öl (etwa Sonnenblumenöl)
ca. 30 bzw. 60 ml lauwarmes Wasser
1 Ei oder 1 Eigelb
eventuell ½ TL Essig oder Weißwein
Prise Salz

Mehl zum Verarbeiten
Öl zum Bestreichen beim Ruhen
Frischhaltefolie zum Abdecken
Butter und Ei zum Bestreichen

Zubereitungszeit
ca. 1 Stunde
mit Ruhenlassen

1. Zutaten exakt abwiegen und dabei je nach Verwendung 30 ml bei einem ganzen Ei oder 60 ml lauwarmes Wasser bei einem Eigelb abmessen.

2. Teig wie im Grundrezept (s. S. 176) beschrieben vorbereiten und ausziehen.

3. Den ausgezogenen Teig in kleinere Streifen schneiden, mit zerlassener Butter beträufeln, die Ränder mit Ei bestreichen und Fülle auftragen.

4. Teigstreifen wie beschrieben mithilfe des Tuches einrollen. (Tipp: Je lockerer und leichter der Teig zusammengerollt wird, umso blättriger wird er. Zu fest gerollte oder gedrückte Strudelblätter kleben aneinander.)

5. Teigränder gut zusammendrücken.

6. In einem großen Topf Wasser und etwas Salz aufkochen, Strudelteigpäckchen einlegen und bei reduzierter Hitze unter dem Siedepunkt gar ziehen lassen.

Strudelteig mit Joghurt

150 g glattes Weizenmehl
20 g (1 EL) zerlassene Butter
60–70 g Joghurt
ca. 20 ml kaltes Wasser
Prise Salz
10 ml Rum (für süße Strudel) oder Wein (für pikante Strudel)
Öl zum Beträufeln
Flüssige Butter und Milch zum Bestreichen

Zubereitungszeit
ca. 1 Stunde
mit Ruhenlassen

1. Alle Zutaten in eine Schüssel geben und mit der Hand (evtl. mit Einweghandschuh) oder mit der Küchenmaschine mit dem Knethaken vermengen und zu einem glatten Teig kneten.

2. Zu einer glatten Teigkugel formen, auf einen bemehlten Teller legen und mit Öl bestreichen. Mit Frischhaltefolie abdecken und etwa 30 Minuten bei Raumtemperatur ruhen lassen.

3. Dann den Teig auf ein gut bemehltes großes Strudeltuch legen, mit Mehl bestäuben und wie im Grundrezept beschrieben ausziehen, füllen und mit flüssiger Butter bestreichen, damit er schön „blättert".

4. Fertigen Strudel vor dem Backen beliebig mit zerlassener Butter oder Milch bestreichen.

TIPP
Lassen Sie den Teig nicht zu lange ruhen, er kann sonst beim Ausziehen unter Umständen schneller einreißen.

Vollkornstrudelteig

ca. 150 g Weizen- oder Dinkelvollkornmehl
25 ml Öl (ca. 2 EL) oder zerlassene Butter
70–80 ml lauwarmes Wasser
1 Eigelb
Prise Salz

Öl zum Bestreichen
Zerlassene Butter, Sauerrahm, Obers oder Joghurt nach Wahl zum Bestreichen

Zubereitungszeit
ca. 40–50 Minuten mit Ruhenlassen

Verwendung
Für herzhafte Strudel

1. Mehl, Öl, lauwarmes Wasser, Eigelb und eine kleine Prise Salz vermengen und zu einem glatten Teig verarbeiten, dabei gut verkneten. (Der Teig muss am Ende weich sein, darf aber nicht kleben.)

2. Auf einen bemehlten Teller setzen, mit Öl bestreichen und mit Frischhaltefolie abdecken. Etwa 30 Minuten bei Raumtemperatur ruhen lassen.

3. Dann den Teig auf einem bemehlten Strudeltuch in der Länge des Backblechs und einer Breite von ca. 55 cm sehr dünn ausrollen (dieser Teig kann nicht ausgezogen werden!).

4. Mit beliebiger Füllmasse bestreichen, zusammenrollen, Enden verschließen und mit zerlassener Butter, Sauerrahm, Obers oder Joghurt bestreichen. Nach Anleitung backen.

Strudelteig mit Eigelb

130 g glattes Weizenmehl
2 Eigelb
10 g Olivenöl
Prise Salz
ca. 65 ml lauwarmes Wasser

Zubereitungszeit
ca. 1 Stunde mit Ruhenlassen

Verwendung
Für süße und pikante Strudel

1. Das Mehl mit Eigelben, Olivenöl, einer Prise Salz und lauwarmem Wasser vermengen und in der Küchenmaschine oder mit der Hand zu einem glatten Teig verarbeiten.

2. Auf einer Arbeitsfläche mit den Händen gut durcharbeiten.

3. Teig zu einer Kugel formen, mit Öl bestreichen, mit Frischhaltefolie abdecken und lauwarm ruhen lassen.

4. Wie gezogenen Strudelteig weiterverarbeiten (siehe dazu S. 176).

Dieses Rezept stammt von Thomas Aschauer.

Blätterteig

Für ca. 5 Strudel (s. Tipp)

Für den Vorteig
450 g glattes Weizen- oder feines Dinkelmehl
50 g zerlassene Butter
Prise Salz
ca. 230–250 ml lauwarmes Wasser
10 ml Essig oder Weißwein

Für den Butterziegel
300–450 g zimmertemperierte Butter
50 g glattes Mehl

Zum Bestreichen
verqirltes Ei oder Eigelb (evtl. auch mit etwas Wasser, Obers oder Milch verdünnt)

Zubereitungszeit
ca. 2 Stunden mit Ruhenlassen

1. Zunächst den Vorteig zubereiten. Dafür sämtliche Zutaten in einer Küchenmaschine mit den Knethaken gut verkneten, herausnehmen und mit den Handballen rund formen. Teigkugel mit einem Messer kreuzweise ca. 2–3 cm tief einschneiden, mit Frischhaltefolie, einem feuchten Tuch oder mit einer Schüssel abdecken und ca. 20 Minuten ruhen lassen.

2. Für den Butterziegel die zimmertemperierte Butter mit Mehl ebenfalls mit dem Knethaken oder händisch gut vermengen und zu einem Ziegel formen.

3. Vorteig auf einer bemehlten Arbeitsfläche von der Mitte ausgehend wie ein vierblättriges Kleeblatt ausrollen.

4. Butterziegel darauflegen, Teiglappen darüberlegen und einschlagen. Wieder ausrollen und zu einer einfachen Tour zusammenschlagen, noch einmal ausrollen und zu einer doppelten Tour zusammenschlagen (s. dazu Abb. S. 183). In Frischhaltefolie (oder ein feuchtes Tuch) gut einwickeln und etwa 20 Minuten kühl ruhen lassen.

5. Nochmals eine einfache und eine doppelte Tour legen und wieder 20 Minuten ruhen lassen. Dabei bei den einzelnen Touren das Mehl jeweils mit einem Mehlbesen oder Pinsel entfernen.

6. Teig in ca. 5 Strudelportionen teilen und je nach weiterer Verwendung einen Teil davon tiefkühlen oder die gesamte Menge verarbeiten.

7. Für den Strudel den Teig auf einer gut bemehlten Arbeitsfläche rechteckig auf ca. 40 cm Länge (Blechlänge) und 33–35 cm Breite 2–3 mm dünn ausrollen. Dabei ebenfalls überschüssiges Mehl entfernen.

8. Vor dem Füllen einige Minuten ruhen lassen. Fülle in der Mitte auftragen, beide Teigseiten übereinanderschlagen, Enden verschließen und je nach Rezept und Geschmack mit verqirltem Ei (evtl. auch mit etwas Wasser, Obers oder Milch verdünnt) bestreichen und goldgelb backen.

TIPP
Blätterteig eignet sich sehr gut zum Tiefkühlen. Es ist daher empfehlenswert, gleich eine größere Menge Teig herzustellen, diesen dann in Portionen (200–250 g schwer) zu teilen und tiefzukühlen. Bei Bedarf langsam Zimmertemperatur annehmen lassen.

Variationsmöglichkeiten

- Möchten Sie den Teig einmal dunkel, so färben Sie ihn mit Kakaopulver ein.

- Für Blätterteig mit Kräuterbutter ersetzen Sie beim Butterziegel die Hälfte der Butter durch Kräuterbutter. Es können aber auch Gewürze eingearbeitet werden.

- Übrig gebliebenen Blätterteig können Sie beispielsweise in Bahnen backen und dann pikant mit würzigen Aufstrichen, Schinkenfarcen, Käse etc. füllen.

- Für süßes Blätterteiggebäck bieten sich Marmelade, Topfencremes, Fruchtfarcen aus getrocknetem Obst, Mohn- oder Nussfülle an. Aber auch Vanillepuddingcreme oder Schlagobers mit Früchten nach Wahl.

- Für kleine Marmeladestrudel schneiden Sie den fertig ausgerollten Teig in kleinere Quadrate, füllen diese mit Johannisbeer-, Powidl-, Orangen- oder Preiselbeermarmelade (evtl. auch Franchipanmasse einmengen) und schlagen Sie sie zu einem kleinen Strudel zusammen. Auch Topfen-, Apfel-, Marzipan-, Nuss- oder Mohnfülle kann dafür verwendet werden.

Tipps und Tricks für den perfekten Blätterteig

- Verwenden Sie für Blätterteig ausschließlich Butter und keine industriell hergestellten Ersatzprodukte. Denken Sie daran, dass ein fertiger Blätterteig aus 144 (!) feinsten Lagen besteht und Sie zwischen jeder einzelnen Lage stets einen Hauch geschmackvoller Butter auf der Zunge haben sollten.

- Halten Sie Blätterteig sowohl bei der Herstellung als auch bei der Verwendung immer kühl!

- Während der Ruhepausen muss der Teig stets mit einer Folie oder einem feuchten Küchentuch abgedeckt werden, damit er nicht austrocknet.

- Überschüssiges Mehl sowohl beim Tourenlegen als auch beim Ausrollen immer wieder mit einem Pinsel entfernen.

- „Teig- oder Butternester“ an den Rändern, die beim Tourenlegen entstehen können, mit einem Messer einfach wegschneiden.

- Fertiger Blätterteig hält sich gut verpackt im Kühlschrank bis zu 1 Woche. Dafür am besten in Frischhaltefolie einwickeln oder mit einem feuchten Tuch abdecken.

- Blätterteig kann sowohl in rohem Zustand als auch halb fertig (gefüllt und geformt) oder auch bereits gebacken tiefgekühlt werden. Noch ungebackene, tiefgekühlte Strudel kurz antauen lassen und im vorgeheizten Backofen bei ca. 185–210 °C ca. 12–45 Minuten je nach Größe und Fülle goldgelb backen.

- Legen Sie die Strudel am besten auf ein mit Backpapier oder einer Silikonmatte ausgelegtes Backblech. Butter ist zum Einfetten nicht unbedingt erforderlich, da der Teig ohnedies ausreichend fett ist.

- Werfen Sie übrig gebliebenen Teig nicht weg. Formen Sie daraus kleine Rollen (auch Schaumrollen) und verzieren Sie Ihren Strudel damit!

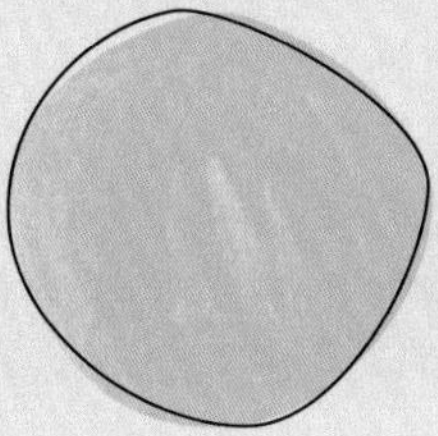

Teig

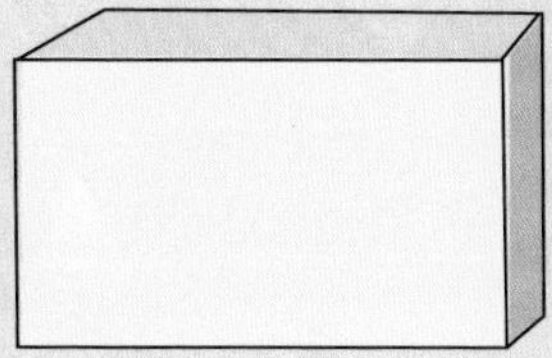

Fettziegel

Einschlagen
des Fettziegels

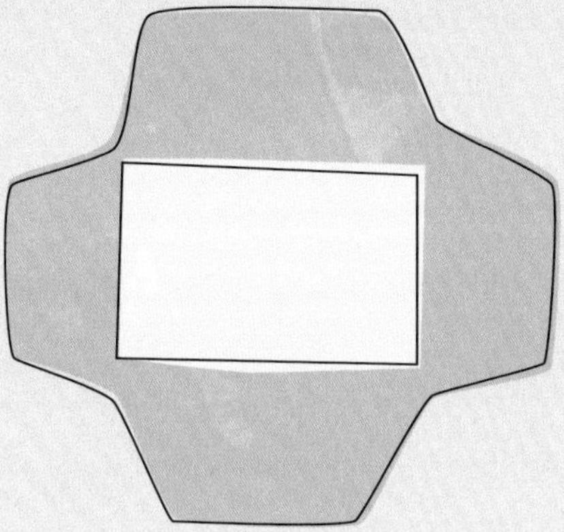

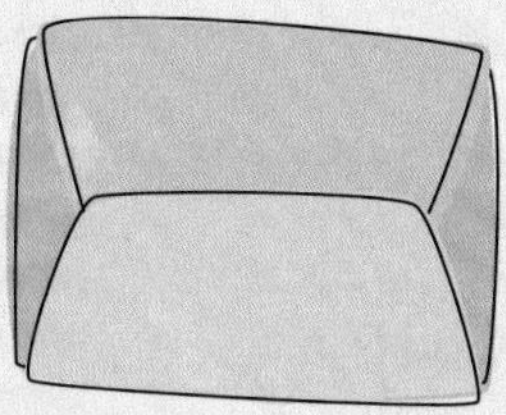

Tourieren
Nach dem Ankehren
und Ausrollen des Teiges
erhält dieser eine

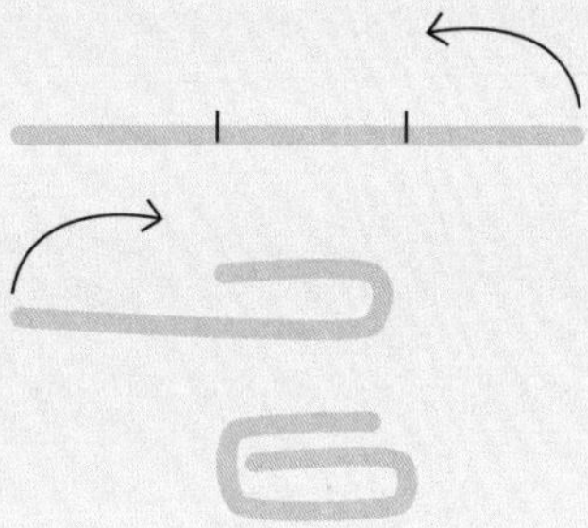

einfache Tour
(3 Schichten)

dreifach

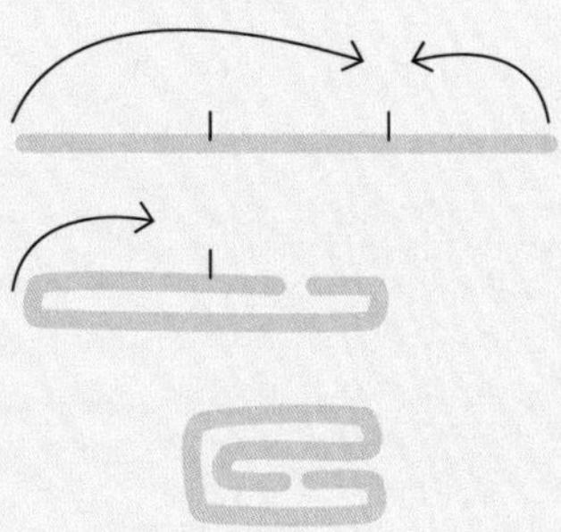

doppelte Tour
(4 Schichten)

vierfach

Tomatenblätterteig

Zutaten für 5–6 Strudel

Für den Vorteig
430 g glattes Weizenmehl
40 ml Rotwein
80 g Tomatenmark
10 g Salz
10 g Zucker
1 Ei
100 ml Wasser oder Tomatensaft

Für den Butterziegel
350–500 g Butter
50 g Tomatenmark
180 g Weizenmehl

Zum Bestreichen
Verquirltes Ei oder Eigelb

Zubereitungszeit
ca. 2 Stunden
mit Ruhenlassen

Verwendung
Für (kleine) pikante Strudel und Pasteten, aber auch für Knabbergebäck und pikante Kuchen

1. Für den Vorteig sämtliche Zutaten zu einem glatten Teig verarbeiten.

2. Für den Butterziegel ebenfalls alle Zutaten vermengen und zu einer rechteckigen Platte formen.

3. Wie im Grundrezept für den Blätterteig beschrieben (s. S. 180) 4 doppelte Touren arbeiten und den Teig nach jeder Tour ca. 20 Minuten ruhen lassen.

4. Nach Belieben weiterverarbeiten.

Kartoffelblätterteig (mit und ohne Hefe)

Zutaten für ca. 3 Strudel

Für den Vorteig
50 g Butter
250 g gekochte, geschälte, mehlige Kartoffeln
250–300 g glattes Weizen- oder feines Dinkelmehl (je nach Kartoffelsorte)
Prise Salz

Für den Butterziegel
200 g kühle Butter
etwas Mehl zum Formen

Für Kartoffelblätterteig mit Hefe
1 Pkg. Trockenhefe oder ½ Würfel Frischhefe

Zum Bestreichen
Verquirltes Ei oder Eigelb, evtl. mit etwas Wasser, Obers oder Milch verdünnt

Zubereitungszeit
ca. 2 Stunden mit Ruhenlassen

Verwendung
Ideal für alle Strudel (süß und pikant), aber auch für Pasteten und portionsweise eingeschlagenen Fisch oder eingeschlagenes Fleisch

1. Butter rechtzeitig Raumtemperatur annehmen lassen oder zerlassen.

2. Die gekochten Kartoffeln durch eine Presse (oder Kartoffelwiege) drücken.

3. Mit Mehl, Butter und einer Prise Salz rasch zu einem glatten Teig verarbeiten. Zu einer Kugel formen und mit Frischhaltefolie abgedeckt etwa 10 Minuten ruhen lassen.

4. (Für Kartoffelblätterteig mit Hefe zusätzlich auch noch Hefe einarbeiten.)

5. Nun die kühle Butter mit etwas Mehl zu einem flachen Rechteck formen.

6. Den Vorteig zu einem Quadrat ausrollen und den Butterziegel wie bei einem Blätterteig auf den Teig legen. Vorteig darüber einschlagen und ca. 3 mm dick ausrollen. Jeweils eine einfache, doppelte, einfache und doppelte Tour arbeiten (s. S. 183). Den Teig dabei nach jeder Tour ca. 15 Minuten im Kühlschrank kalt stellen.

7. Damit der Teig nicht zu weich wird, zügig fertigstellen. Bei einer Anfangstemperatur von ca. 200 °C Heißluft ca. 10 Minuten anbacken und dann auf 180–190 °C reduzieren.

TIPPS

Sollte der Teig zu weich geraten, einfach etwas Grieß oder Polenta einarbeiten.

Wenn es einmal schneller gehen muss, so können Sie auch drei einfache Touren nacheinander arbeiten, ohne Ruhezeit.

Bleibt etwas Teig übrig, so kann er problemlos in Frischhaltefolie eingepackt und tiefgekühlt werden.

Plunderteig

Zutaten für ca. 5 Strudel (s. Tipps)

Für den Vorteig
1 Pkg. Trockenhefe
180–200 ml kalte Milch
450 g glattes Weizen- oder feines Dinkelmehl
60 g flüssige, aber kühle Butter
50 g Feinkristallzucker
1 Ei
1 Eigelb
Prise Salz
Prise Zitronenschalenpulver
evtl. 10 g Vanillezucker je nach Verwendung

Für den Butterziegel
250–350 g zimmertemperierte, aber nicht weiche Butter
50 g glattes Mehl

Zum Bestreichen
Verquirltes Ei oder Eigelb, evtl. mit etwas Wasser, Obers oder Milch verdünnt

Zubereitungszeit
ca. 2 Stunden mit Ruhenlassen

1. Für den Vorteig zunächst Hefe in kalter Milch auflösen und mit den übrigen Zutaten nur kurz vermischen, aber nicht glatt abarbeiten.

2. Teig mit den Handballen zu einer Kugel formen und kreuzweise einschneiden. Mit einer Frischhaltefolie oder einem feuchten Tuch abdecken und im Kühlschrank ca. 15 Minuten ruhen lassen (kühl, weil der Teig nicht aufgehen soll).

3. Inzwischen für den Butterziegel Butter und Mehl glatt verarbeiten und einen flachen Ziegel daraus formen.

4. Den eingeschnittenen Teig vierlappig wie ein Kleeblatt ausrollen und den Mittelteil dabei etwas dicker lassen. Den Butterziegel in die Mitte legen, Teiglappen kreuzweise darüberschlagen und mit dem Nudelholz ca. 10 mm dick rechteckig ausrollen. Dann, wie auf der Skizze auf S. 183 beschrieben, eine einfache, eine doppelte und wieder eine einfache Tour arbeiten.

5. Im Kühlschrank ca. 20 Minuten ruhen lassen.

6. Ausrollen und mit der vorbereiteten Fülle füllen. Enden verschließen. Nach Belieben mit verquirltem Ei oder Eigelb bestreichen und nochmals etwas aufgehen lassen. Im vorgeheizten Backofen bei 175–195 °C je nach Herdart und Gebäckstück ca. 15–40 Minuten backen.

TIPPS

Plunder- und Blätterteig lassen sich sehr gut tiefkühlen. Portionsgrößen von ca. 250 g einfach in Folie einwickeln und tiefkühlen. Bei Bedarf im Kühlschrank langsam auftauen.

Achten Sie darauf, dass die Butter beim Verarbeiten richtig temperiert ist: Zu weiche Butter lässt das Fett aus dem Teig austreten, zu feste, kalte Butter verteilt sich beim Tourieren nur sehr schlecht und ungleich.

Der Teig soll generell kühl verarbeitet werden.

Für einen deutschen Plunderteig verwenden Sie für den Butterziegel nur 250 g Butter.

Plunderteigreste können äußerst vielfältig verarbeitet und sowohl mit pikanten als auch süßen Cremes, Massen, Marmeladen etc. gefüllt werden. So lassen sich daraus Golatschen (mit Topfen-, Mohn- oder Nussfülle), Taschen (mit Powidl- oder Marmeladefülle), Schiffchen, Kipferl oder Plunderteigkämme zubereiten.

Sauerrahmteig

150 g glattes Weizen- oder feines Dinkelmehl
¼ TL Backpulver
1 Eigelb
Prise Salz
40 g weiche Butter
70 g Sauerrahm

Zum Bestreichen
Verquirltes Ei oder Eigelb, evtl. mit etwas Wasser, Obers oder Milch verdünnt, Sauerrahm, Joghurt oder Crème fraîche, mit etwas Wasser oder Milch glatt gerührt

Zubereitungszeit
ca. 30–45 Minuten mit Ruhenlassen

1. Das Mehl mit Backpulver vermengen und in einer Schüssel mit Eigelb, Salz, der weichen Butter sowie dem Rahm vermischen.

2. Mit den Händen (evtl. mit Einweghandschuhen), dem Kochlöffel oder in einer Küchenmaschine mit dem Knethaken rasch zu einem Teig verkneten.

3. In eine Frischhaltefolie wickeln und im Kühlschrank ca. 30 Minuten ruhen lassen.

4. Dann den Teig auf einer leicht bemehlten Arbeitsfläche möglichst dünn rechteckig ausrollen.

Variationsmöglichkeiten

- Dieser Teig ist nicht nur sehr rasch zubereitet, er ist auch äußerst vielseitig einzusetzen. Außer süßen Strudeln lassen sich mit diesem Teig auch feine Fisch- oder Fleischstrudel herstellen, indem Sie gewürztes Fleisch oder Fisch damit umhüllen.
- Besonders nett sieht der Strudel aus, wenn Sie kleine Portionsstrudel zubereiten.
- Verwenden Sie den Teig auch für Knödel oder Taschen mit beliebiger Fülle!

Mürbteig

120 g glattes Weizen- oder feines Dinkelmehl
60 g kühle Butter
40 g Feinkristall- oder fein gesiebter Puderzucker
1 Eigelb
Prise Salz
Prise Vanillezucker

Zum Bestreichen
Verquirltes Ei oder Eigelb, evtl. mit etwas Wasser, Obers oder Milch verdünnt

Zubereitungszeit
ca. 15 Minuten

1. Das Mehl mit Butter, Zucker, dem Eigelb sowie je einer Prise Salz und Vanillezucker rasch zu einem glatten Teig verarbeiten.

2. Für einen Strudel auf einer leicht bemehlten Arbeitsfläche ca. 2–3 mm dick ausrollen, füllen und einrollen. Dafür am besten den Teig auf eine Silikonmatte oder Backtrennpapier legen. So kann der Strudel bereits beim Einrollen gut angedrückt werden.

3. Mit verquirltem Ei oder Eigelb, evtl. mit etwas Wasser, Obers oder Milch verdünnt, bestreichen.

4. Je nach Fülle bei 165–175 °C Heißluft ca. 25 Minuten goldbraun backen.

TIPP
Für große Füllmengen die doppelte Menge bereiten.

CUPS
2
CUPS
CUP
1
4,5
5
3,5
3

triangle
1.5
2

Topfenmürbteig

Zutaten für 2 Strudel
40 x 55 cm
250 g glattes Weizen- oder feines Dinkelmehl
130 g Topfen
110 g Butter
Prise Salz
½–1 TL Backpulver oder Trockenhefe

Zum Bestreichen
Verquirltes Ei oder Eigelb, evtl. mit etwas Wasser, Obers oder Milch verdünnt, aber auch Wasser
Olivenöl

Zubereitungszeit
ca. 2 Stunden mit Ruhenlassen

Verwendung
Für pikante und süße Strudel

1. Mehl nach Wahl in einer Schüssel mit der Hand oder Knethaken in einer Küchenmaschine rasch mit den restlichen Zutaten zu einem Teig verkneten.

2. Nach Bedarf (wenn der Teig zu weich ist) mit Frischhaltefolie abgedeckt ½–1 Stunde kühl ruhen lassen.

3. Dann den Teig auf einer bemehlten Arbeitsfläche zu einem Rechteck ausrollen. Das überschüssige Mehl entfernen und den Teig wie einen Blätterteig (s. S. 183) falten. Dazu den Teig zu je einem Drittel übereinanderschlagen, ausrollen, nochmals zusammenschlagen und ausrollen. Eventuell vor der weiteren Verarbeitung nochmals ca. 2 Stunden mit Frischhaltefolie abgedeckt im Kühlschrank kühl lassen.

4. Nun den Teig teilen und ca. 3 mm dick ausrollen.

5. Die vorbereitete Fülle der Länge nach in der Mitte auftragen und erstes Teigende über die Fülle schlagen. Mit verquirltem Ei oder Wasser bestreichen, zweites Teigende darüberlegen und sanft andrücken. Mit der zweiten Teighälfte ebenso verfahren.

Variationsmöglichkeiten

- Bei süßen Strudeln könnten Sie den Teig noch zusätzlich mit Gelb-, Roh-, Rohr-, Voll-, Feinkristall- oder fein gesiebtem Puderzucker, aber auch mit Zimt, Nelken, Zitronen-, Orangen- oder Limettenschale aromatisieren.

- Für pikante Strudel wiederum lässt sich der Teig mit Paprikapulver, Curry, Kurkuma, gehackten Kräutern (mit wenig Obers vermischt) apart einfärben.

- Pikante Strudel können vor dem Backen auch mit grobem Salz, Kümmel, Kürbiskernen oder anderen Gewürzen bestreut werden.

- Bestreichen Sie den Strudel statt mit Ei oder Wasser auch einmal mit Milch, zerlassener Butter, Joghurt oder Sauerrahm.

- Verarbeiten Sie den Teig zu kleineren Portionsstrudeln, die mit Fleisch-, Fisch-, Schinken-, Gemüse- oder Käsemasse gefüllt werden können.

Topfenmürbteig mit Öl

60 g Topfen
160 g glattes Weizen- oder feines Dinkelmehl
30 ml Milch
30 ml Öl
1 Eigelb
5 g Backpulver (ca. 1 TL)

Für süße Strudel
30–50 g Feinkristall- oder gesiebter Puderzucker
nach Belieben Vanillezucker, Zimt, Lebkuchengewürz, Zitronen-, Orangen- oder Limettenschale

Für pikante Strudel
Salz, Pfeffer
nach Geschmack getrocknete Kräuter (Thymian, Majoran, Oregano, Rosmarin), geriebene Muskatnuss, Paprikapulver

Zum Bestreichen
Verquirltes Ei
Zerlassene Butter, Sauerrahm, Crème fraîche oder Joghurt

Zubereitungszeit
ca. 45 Minuten
mit Ruhenlassen

1. Topfen mit sämtlichen Zutaten in einer Schüssel mit der Hand (evtl. Einweghandschuh) zu einem glatten Teig verarbeiten.

2. Nach Bedarf, sollte der Teig zu weich sein, mit Frischhaltefolie abdecken und ca. 30 Minuten kühl ruhen lassen.

3. Auf einer bemehlten Arbeitsfläche 2–3 mm dick rechteckig ausrollen.

4. Beliebige Füllmasse der Länge nach in der Mitte gleichmäßig auftragen. Eine Teighälfte zur Mitte hin über die Fülle legen, mit verquirltem Ei bestreichen und zweites Teigstück darüberlegen. Etwas andrücken.

5. Strudel mit zerlassener Butter, verquirltem Ei, Sauerrahm, Crème fraîche oder Joghurt bestreichen.

6. Bei 165–185 °C je nach Fülle backen.

TIPP
Werden relativ weiche Füllmassen verarbeitet – der Teig eignet sich besonders gut für Mohn-, Nuss- oder Kürbisstrudel –, so empfiehlt es sich, den Strudel mit einer Form zu umstellen, damit er nicht auseinanderquillt.

Variationsmöglichkeiten

- Bestreuen Sie den fertig gerollten, bestrichenen Strudel je nach Füllmasse mit grob gehackten Nüssen, Kürbiskernen, Mandelblättchen, Streuselzucker, aber auch mit grobem Salz, Sesam oder Kümmel.
- Legen Sie ein wenig Teig zur Seite und formen Sie daraus kleine Röllchen, mit denen Sie den Strudel dann obenauf dekorativ verzieren können.

Dinkelmürbteig

180 g fein gemahlenes Dinkelmehl
50 g weiche Butter
1 Ei
ca. 20 ml kaltes Wasser, Milch oder Obers

Für pikante Strudel
eventuell fein gehackte Kräuter
Muskatnuss, Piment oder Koriander je nach Füllung

Für süße Strudel
20–30 g Rohr- oder Rohzucker
Vanillezucker
Zimt, Lebkuchengewürz, Ingwer
Zitronen-, Limetten- oder Orangenschale

Zum Bestreichen
Obers, Sauerrahm oder Eiweiß

Zum Bestreuen
je nach Strudel Mandelblättchen, Sesam, grob gehackte Nüsse, Kürbiskerne

Zubereitungszeit
ca. 30–45 Minuten mit Ruhenlassen

Verwendung
Dieser rasch zubereitete Strudelteig eignet sich sowohl für pikante als auch süße Strudel und schmeckt mit einer deftigen Krautfülle besonders gut (s. Krautstrudel S. 32)

1. Mehl mit sämtlichen Zutaten, also für pikante Strudel auch mit Kräutern und Gewürzen bzw. für süße Strudel mit Zucker und Aromen nach Geschmack, in einer Schüssel oder auf einer Arbeitsplatte rasch zu einem Mürbteig verarbeiten.

2. Mit Frischhaltefolie abgedeckt kurz im Kühlschrank ruhen lassen.

3. Auf einer bemehlten Arbeitsfläche rechteckig ca. 3 mm dick ausrollen.

4. Beliebige Fülle der Länge nach in der Mitte auftragen. Teig von beiden Seiten her zusammenlegen und gut verschließen.

5. Vor dem Backen mit Obers, Sauerrahm oder Eiweiß bestreichen.

6. Je nach Strudel und Geschmack mit Mandelblättchen, Sesam, grob gehackten Nüssen, Kürbiskernen o. Ä. bestreuen.

TIPP
Mengen Sie in den Teig eventuell noch ½ Packung Weinsteinbackpulver ein – so wird der Strudel luftiger.

Vollkornmürbteig

150 g Dinkel- oder Weizen-
vollkornmehl
70 g Butter
1 Ei
Prise Salz
2 cl kaltes Wasser (oder Milch)

Für süße Strudel
20 g Voll-, Roh-, Rohr- oder
Gelbzucker

Zum Bestreichen
Obers, Sauerrahm oder Eiweiß

Zubereitungszeit
ca. 30–45 Minuten
mit Ruhenlassen

1. Das Mehl mit Butter, Ei, einer Prise Salz sowie dem kalten Wasser (oder Milch) in einer Schüssel oder auf der Arbeitsfläche rasch zu einem Teig verarbeiten. Für süße Strudel auch den Zucker einarbeiten.

2. Mit Frischhaltefolie abdecken und kurz kühl ruhen lassen.

3. Nach Belieben, oder wie beim Dinkelmürbteig beschrieben, weiterverarbeiten.

Variationsmöglichkeit

- Wenn Sie statt Vollkornmehl handelsübliches Weizenmehl verwenden, so lässt sich das ganze Ei auch auf ein Eigelb reduzieren. Auch Kristallzucker, allerdings mit etwas höherer Menge, kann in diesem Fall verwendet werden.

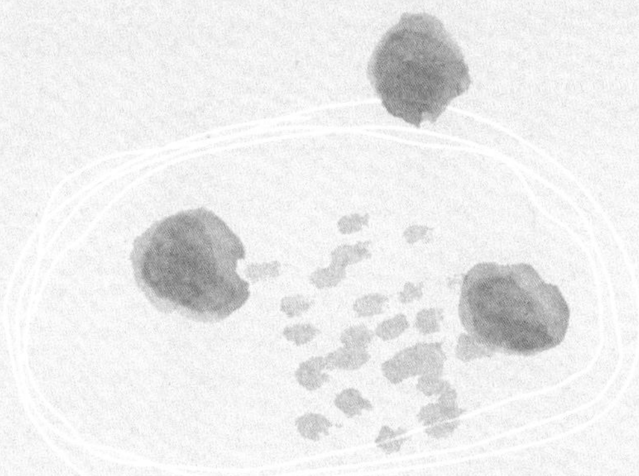

Topfenteig

Zutaten für 2 Strudel
150 g Topfen
30 ml Öl
60 ml Milch oder Schlagobers
300 g glattes Weizen- oder feines Dinkelmehl
1 Pkg. Backpulver
Prise Salz

Für die süße Variante
zusätzlich 80–100 g Gelb-, Roh-, Rohr-, Feinkristall- oder fein gesiebter Puderzucker

Zubereitungszeit
ca. 40 Minuten mit Ruhenlassen

Verwendung
Dieser rasch zubereitete Teig eignet sich sowohl für süße als auch pikante Strudel sowie auch als Tortenboden (zum Belegen) oder zum Auskleiden von kleinen Tarteletteförmchen

1. Alle Zutaten in einer Schüssel mit den Händen oder mit der Küchenmaschine mit dem Knethaken vermengen und zu einem Teig kneten.

2. In Frischhaltefolie eingewickelt ca. 30 Minuten ruhen lassen.

3. Je nach weiterer Verwendung ausrollen, Fülle auftragen, zu einem Strudel formen und bei ca. 175–185 °C backen.

Teig für asiatische Füllmassen

270 g glattes Weizen- oder feines Dinkelmehl
ca. 90 ml Wasser
1 Ei
½ TL Feinkristallzucker
50 g zerlassene Butter
Salz

Zubereitungszeit
ca. 1 ½ Stunden mit Ruhenlassen

1. In einer Schüssel das Mehl mit Wasser, Ei, wenig Zucker, der zerlassenen Butter und einer Prise Salz vermengen und gut durchkneten (oder auf der Arbeitsfläche durcharbeiten). Der Teig sollte weich und gut formbar sein, aber nicht kleben, dafür bei Bedarf Mehl bzw. Wasser zugeben.

2. Zu einer Kugel formen, in Frischhaltefolie wickeln und ca. 1 Stunde kühl ruhen lassen.

3. Ausrollen und je nach weiterer Verwendung zu einem großen oder mehreren kleinen Portionsstrudeln verarbeiten.

4. Im vorgeheizten Backofen backen, in heißem Fett schwimmend ausbacken, in Salzwasser kochen oder im Dampfgarer garen.

Vollkorntopfenteig

Zutaten für 2 Strudel (40 x 55 cm)
240 g Weizen- oder Dinkelvollkornmehl
100 g kühle Butter
130 g Topfen
10 ml Essig oder Weißwein
1 Eigelb
Prise Salz

Zum Bestreichen
zerlassene Butter, mit etwas Wasser verdünnter Sauerrahm, Joghurt, Milch. Obers oder verquirltes Ei

Zubereitungszeit
ca. 15 Minuten

Verwendung
Dieser Teig eignet sich sowohl für pikante als auch für süße Strudel, wobei für die süße Variante etwas Zucker in den Teig eingearbeitet werden kann

1. Mehl mit sämtlichen Zutaten in einer Schüssel mit den Händen (evtl. mit Einweghandschuh) oder in der Küchenmaschine mit dem Knethaken zu einem glatten Teig verarbeiten.

2. Teig halbieren und jedes Stück auf eine Größe von ca. 40 x 55 cm ausrollen.

3. Beliebige Füllmasse in der Mitte der Länge nach auftragen, beide Teigenden jeweils über die Fülle schlagen und dabei den Teig vorher mit verquirltem Ei bestreichen. Sanft fest andrücken.

4. Strudel vor dem Backen mit zerlassener Butter, mit Wasser verdünntem Sauerrahm, Joghurt, Milch, Obers oder verquirltem Ei bestreichen.

5. Bei 165–185 °C je nach Fülle backen.

TIPP
Etwas lockerer gerät der Teig, wenn Sie noch ½ Packung Trockenhefe oder Backpulver einarbeiten.

Biskuitmasse

Für 1 Backblech
(35 x 40 cm)
7 Eier
Prise Salz
100 g Feinkristallzucker
10 g (ca. 1 EL) Weizenstärke
Frisch geriebene Zitronen- oder Orangenschale nach Belieben
80 g glattes Weizen- oder feines Dinkelmehl
Zucker für die Unterlage

Vorbereitungszeit
ca. 10 Minuten

Backzeit
ca. 15 Minuten

1. Die Eier trennen. Den Backofen auf 170–180 °C Heißluft vorheizen.

2. Eiweiße mit einer kleinen Prise Salz, Kristallzucker und Stärke zu cremig-festem Schnee schlagen.

3. Eigelbe mit Zitronenschale leicht verrühren und mit einem Schneebesen behutsam unter den Schnee rühren. Mehl daraufsieben und unter die Masse mengen. Dabei nicht zu lange rühren, damit die Masse nicht zusammenfällt.

Das Backblech mit Backpapier oder Silikonmatte belegen und die luftige Masse mit einer Winkelpalette oder einer breiteren Tortenschaufel rechteckig aufstreichen. Im vorgeheizten Backofen ca. 15 Minuten (auf Sicht) backen.

4. Herausnehmen und auf eine gezuckerte Unterlage (Backfolie oder Küchentuch) stürzen. Backpapier vorsichtig abziehen und bis zur weiteren Verwendung abdecken, damit der Biskuitfleck nicht austrocknet (am besten mit einer Silikonmatte oder Backpapier und einem angefeuchteten Tuch).

5. Auskühlen lassen und weiterverarbeiten.

TIPP
Da sich Biskuit sehr gut tiefkühlen lässt, ist es ratsam, immer etwas auf Vorrat zu backen. Einfach auf die gewünschte Größe zuschneiden und einzeln verpackt einfrieren!

Variationsmöglichkeiten

- Aromatisieren Sie mit Zimt, Lebkuchengewürz, Ingwer, Bittermandelöl, Nelkenpulver, Anis etc. – je nach gewünschtem Geschmack und Verwendung.
- Wird eine festere Konsistenz gewünscht, so könnte die Mehlmenge noch auf 120 g erhöht werden.
- Für dunkles Biskuit färben Sie den Teig mit Kakaopulver ein.
- Für Nuss- oder Kürbisbiskuit geben Sie zusätzlich 40 g fein gemahlene, geröstete Nüsse bzw. Kürbiskerne zu.
- Für Mohnbiskuit zusätzlich 40 g fein gemahlenen Mohn untermengen.
- Für Biskuitbrösel lassen Sie das Biskuit antrocknen und reiben es dann zu Bröseln.

Kalter Hefeteig

100 ml kalte Milch
½ Pkg. Trockenhefe
300 g glattes Weizen- oder feines Dinkelmehl
70 g weiche Butter
50 g Feinkristallzucker
1 Eigelb
1 cl Rum
Prise Salz
Vanillezucker
Spritzer Zitronensaft

Zum Bestreichen
Verquirltes Ei oder Eigelb, evtl. mit etwas Wasser, Obers oder Milch verdünnt, Sauerrahm, Joghurt oder Crème fraîche, mit etwas Wasser oder Milch glatt gerührt

Zubereitungszeit
ca. 20–30 Minuten

1. Milch mit Trockenhefe vermischen.

2. Mit Mehl, weicher Butter, Zucker, Eigelb, Rum, einer Prise Salz sowie Vanillezucker und einem Spritzer Zitronensaft zu einem glatten, nicht zu festen Teig verarbeiten.

3. In Frischhaltefolie wickeln und kurz kühl ruhen lassen.

4. Für eine pikante Variante nur eine Prise Zucker nehmen, Rum durch Wein ersetzen, Vanille weglassen.

Pizza-Hefeteig

150 g glattes Weizen- oder feines Dinkelmehl
10 g Frischhefe (ca. ¼ Würfel)
20 g weiche Butter oder Olivenöl
ca. 70–80 ml lauwarmes Wasser
Prise Zucker
Salz

Zum Bestreichen
Olivenöl
Verquirltes Ei oder Eigelb, evtl. mit etwas Wasser, Obers oder Milch verdünnt

Zubereitungszeit
ca. 20–30 Minuten

1. Alle Zutaten für den Teig in einer Schüssel vermengen und gut verkneten. Dabei soll der Teig nicht kleben – bei Bedarf noch etwas Mehl einarbeiten.

2. Auf einem bemehlten Teller mit Frischhaltefolie abgedeckt aufgehen lassen.

3. Dann auf einem bemehlten Strudeltuch rechteckig ausrollen, die Hälfte des Strudels mit der Fülle nach Wahl belegen und zu einem Strudel einrollen. Nach Rezept backen.

Pikante Garnituren, süße Saucen und Cremes

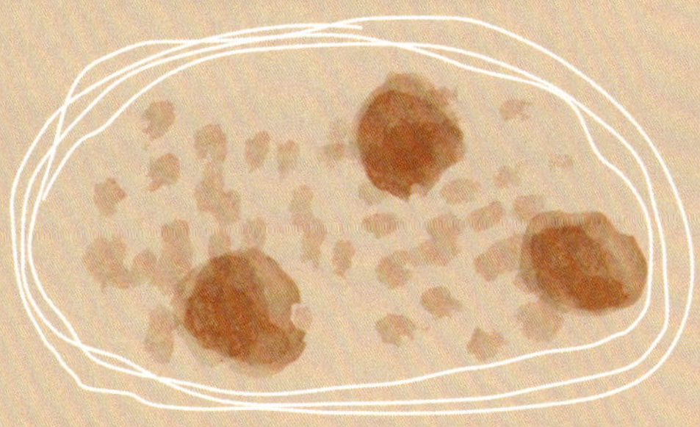

Zwiebelsauce

400 g Zwiebeln
Salz, Pfeffer
60 g Butter
30 g glattes Weizen- oder feines Dinkelmehl
750 ml Rindsuppe oder Fond
200 ml Schlagobers oder Crème fraîche
Muskatnuss, gerieben

1. Zwiebeln in Streifen schneiden und in Salzwasser blanchieren (kurz überbrühen). Gut abtropfen lassen.

2. Zwiebeln in Butter andünsten, mit Mehl bestäuben, Suppe aufgießen und weich kochen.

3. Erst dann das Obers zugießen, aufkochen lassen und mixen.

4. Würzig abschmecken und nochmals gut einkochen lassen.

Pikante Butterbrösel

70 g Butter
ca. 100 g Semmelbrösel
Salz, Pfeffer aus der Mühle
Frisch geriebene Muskatnuss nach Belieben
1 EL fein gehackte Petersilie

Verwendung
Zum Verfeinern von pikanten Strudeln, etwa Kürbis-, Topfen- oder Krautstrudel

1. Die Butter in einer Pfanne aufschäumen lassen.

2. Brösel zugeben und langsam bräunen.

3. Vom Herd nehmen und auskühlen lassen.

4. Dann mit Salz, Pfeffer, Muskatnuss nach Belieben und Petersilie abschmecken.

Variationsmöglichkeiten

- Mischen Sie beliebige frische Kräuter, je nach Saison, unter.
- Mengen Sie 1–2 hart gekochte, fein gehackte Eier unter die Brösel.
- Verfeinern Sie die Brösel mit gemahlenen Kürbiskernen, Haselnüssen, Mandelblättchen, Mohn, gehackten Sonnenblumenkernen oder Sesam.
- Bereiten Sie die Bröselmischung mit Kürbiskern-, Oliven- oder Walnussöl zu, wobei Sie in diesem Fall die Bröselmenge bis auf 140 g erhöhen sollten.
- Aromatisieren Sie die Brösel mit fein geriebener Zitronen- oder Limettenschale.
- Verarbeiten Sie übrig gebliebenes Bauern-, Vollkorn- oder Schwarzbrot, aber auch pikante Kekse zu Bröseln und verwenden Sie diese statt der Semmelbrösel.
- Verwenden Sie übrig gebliebene Butterbrösel als Garnitur für gekochten Spargel, Brokkoli oder beliebiges Gemüse.

Pikante kalte Rahmsauce

125 g Sauerrahm
10–20 ml Zitronensaft
Salz, Pfeffer
Muskatnuss nach Geschmack
Frisch gehackte Kräuter nach Belieben (Schnittlauch, Dille, Kerbel etc.)

Verwendung
Als Garnitur für pikante Strudel

1. In einem Schüsselchen den Sauerrahm mit Zitronensaft gut verrühren.

2. Mit einer Prise Salz, Pfeffer und Muskatnuss abschmecken.

3. Nach Belieben frisch gehackte Kräuter einrühren.

4. Strudel damit umgießen und nach Belieben mit frischen Kräutern garnieren.

Variationsmöglichkeiten

- Aromatisieren Sie die Sauce auch einmal mit Bärlauch, Basilikum, Minze, Petersilie oder Knoblauch.
- Färben Sie die Sauce mit Paprikapulver oder Ketchup ein.
- Verfeinern Sie die Sauce mit Olivenöl, Honig, süßem oder pikantem Senf oder einem Spritzer Weißweinessig.
- Für eine Schafkäsesauce mengen Sie unter die Grundmasse 100 bis 150 g cremigen Schafkäse oder zerdrückten Feta und mischen Sie noch etwas gehackten Bärlauch sowie ein gehacktes, gekochtes Ei unter.
- Für würzige Kürbiskernsauce mit Blauschimmelkäse mengen Sie unter die Grundmasse 20 g fein gemahlene, geröstete Kürbiskerne, 50 g rote, blanchierte Zwiebelwürfel und 40 g fein zerdrückten Gorgonzola oder beliebigen Schimmelkäse. Diese Sauce passt besonders gut zu eher neutralen pikanten Strudeln (Kürbis- oder Kartoffelstrudel).
- Verfeinern Sie den Sauerrahm mit etwas Crème fraîche oder Mayonnaise.
- Ersetzen Sie den Rahm durch Joghurt, das aber dann nur kurz verrührt werden sollte, damit die Sauce nicht zu dünnflüssig wird.
- Für süße Rahmsauce ersetzen Sie die pikanten Gewürze und Kräuter durch Puder- und Vanillezucker und reichen Sie die Sauce zu süßen Strudeln (siehe dazu auch „Sauerrahmsauce, süß“, Seite 210).

Warme Rahmsauce

15 g Butter oder Butterschmalz
1–1 ½ EL Mehl
150 ml Milch
50 ml Weißwein
200 ml Suppe, Fond, Koch- oder Gemüsesud
130 ml Schlagobers
1 Lorbeerblatt
Salz, Pfeffer aus der Mühle
Prise Muskatnuss

1. Butter in einem Topf zerlaufen lassen. Mit Mehl bestäuben, mit Milch, Wein, Suppe sowie Obers aufgießen und Lorbeerblatt zugeben. Etwa 5 Minuten gut einkochen lassen, dann mit Salz, Pfeffer und Muskatnuss würzig abschmecken.

2. Vor dem Anrichten mit dem Mixstab aufschäumen.

TIPPS

Ist die Sauce zu dick geraten, mit etwas Flüssigkeit verdünnen. Bei zu dünner Konsistenz nochmals einkochen lassen oder mit angerührter Stärke, einer Butterkugel oder angerührtem Mehl eindicken. Dabei nochmals kurz kochen lassen.

Variationsmöglichkeiten

- Kräutersauce: Mit beliebigen Kräutern und eventuell Knoblauch würzen.
- Kapernsauce: Kapern, Zitronensaft sowie Senf einarbeiten.
- Spinatsauce: 100 g blanchierte Spinatblätter einmixen, mit Chilipulver, Muskatnuss oder Zitronenschale abschmecken.
- Senfsauce: Mit Dijon- oder Estragonsenf, Zitronensaft, Kurkuma, Chilipulver, Zitronenschale, eventuell noch fein geschnittenen Estragonblättern oder Currypulver aromatisieren.
- Käsesauce: Schmelzkäse oder fein geriebenen würzigen Käse in die Rahmsauce einmixen.
- Paprikasauce: Paprikapulver und geschälte rote Paprikaschoten einmixen und kurz einkochen, eventuell passieren.
- Tomatenrahmsauce: Tomatenmark, enthäutete Tomatenwürfel, Knoblauchzehe sowie frisches Basilikum einmixen.
- Pilzsauce: Zwiebelwürfel und klein geschnittene Pilze in wenig Butter hell anschwitzen und mit der Rahmsauce vermengen.
- Pestosauce: Rahmsauce mit Basilikum-, Bärlauch-, Mohn-, Tomaten- oder beliebigem Pesto vermengen bzw. einmixen und damit abschmecken.
- Spargelsauce: Spargel kochen, Sauce mit dem Spargelfond zubereiten und geschnittenen Spargel unterrühren.
- Lauchsauce: Lauch anschwitzen, mit Rahmsauce aufgießen und kurz einkochen lassen.

Vanillesauce

20 g Vanillepuddingpulver
500 ml Milch
30–50 g Zucker
20 g Vanillezucker
Schuss Alkohol nach Geschmack (Rum, Cointreau, Amaretto etc.)

Verwendung
Als warme oder kalte Sauce ideal zu vielen Strudeln, wobei unter die kalte Sauce auch Vanilleeis oder geschlagenes Obers eingerührt werden kann

1. Puddingpulver in einer kleinen Schüssel mit wenig Milch verrühren.

2. Restliche Milch mit Zucker und Vanillezucker aufkochen, angerührtes Puddingpulver mit dem Schneebesen einrühren und unter ständigem Rühren einkochen.

3. Nach Belieben aromatisieren.

4. Je nach Verwendung warm servieren oder mit Frischhaltefolie abgedeckt auskühlen lassen (andernfalls bildet sich an der Oberfläche rasch eine Haut!).

TIPPS
Noch cremiger wird die Sauce, wenn Sie einen Teil der Milch durch Schlagobers ersetzen oder in die fertige Sauce etwas Butter einrühren!

Ist einmal kein Pudding vorrätig, so bereiten Sie die Sauce mit Weizenstärke, Vanilleschote und Eigelb zu.

Variationsmöglichkeiten

- Schmecken Sie die fertige Sauce mit Zimt, Sternanis, Nelken, Lebkuchengewürz oder Bittermandelöl ab.

- Verzichten Sie auf die Zugabe von Vanillezucker und kochen Sie stattdessen eine aufgeschnittene Vanilleschote in der Milch einmal auf, 5 Minuten ziehen lassen, Schote entfernen und dann wie beschrieben weiterverarbeiten.

- Verfeinern Sie die Sauce bei passender Gelegenheit durch eingerührten gemahlenen Mohn, geriebene Nüsse, Kürbiskerne, Krokant, aber auch mit Pfefferminzpaste oder eingerührten kleinen Ananas- oder Fruchtstückchen sowie Pasten aus gedörrten Früchten.

- Für Schokoladensauce lösen Sie in der heißen Sauce ganz nach Geschmack etwas Nougat, Schokolade oder Schokoladentropfen in beliebigen Geschmacksrichtungen auf. Da die Schokolade die Sauce allerdings sämiger macht, muss vermutlich etwas mehr Milch verwendet werden.

- Für Kaffeesauce wird etwas Löskaffeepulver mit der Milch aufgekocht oder etwas Milch durch starken Kaffee ersetzt, dann wie im Grundrezept beschrieben weiter verfahren.

- Für Marzipansauce mischen Sie in die fertige Vanillesauce fein geriebenes Marzipan ein und lassen Sie die Sauce kurz abkühlen. Mit Mandellikör, etwas Amaretto oder Bittermandelöl abschmecken.

Vanillesauce mit Schlagobers

250 ml Milch
20 g Feinkristallzucker
10 g Vanillezucker
100 ml Schlagobers
10 g Vanillepuddingpulver, ersatzweise Weizenstärke
1–2 Eigelb

1. Milch mit Zucker und Vanillezucker aufkochen.

2. Die Hälfte des Obers mit Puddingpulver verrühren, mit dem Schneebesen zügig in die heiße Milch einrühren und etwas eindicken lassen.

3. Von der Kochstelle nehmen, restliches Obers mit Eigelb verrühren und mit einem Schneebesen in die heiße Sauce einrühren.

TIPP

Das übrig gebliebene Eiweiß frieren Sie am besten portionsweise in einem Silikonbehälter oder anderen flexiblen Behälter ein. Anschließend das gefrorene Eiweiß aus der Form drücken und einfach in Frischhaltebeuteln gut verschlossen im Tiefkühler lagern. So kann Eiweiß je nach benötigter Menge jederzeit entnommen und aufgetaut werden.

Variationsmöglichkeit

- Genau wie die klassische Vanillesauce kann auch diese Sauce beliebig aromatisch variiert werden (siehe dort).

Kokos-Vanille-Sauce

20 g Vanillepuddingpulver
400 ml Milch
100 ml Kokosmilch
30–50 g Zucker
20 g Vanillezucker
50 ml Kokoslikör

1. Puddingpulver in einer kleinen Schüssel mit wenig Milch verrühren.

2. Kokosmilch sowie restliche Milch mit Zucker und Vanillezucker aufkochen, angerührtes Puddingpulver mit dem Schneebesen einrühren und unter ständigem Rühren einkochen.

3. Kokoslikör zugießen und nochmals gut durchrühren.

Schokoladensauce

80–100 ml Wasser
(eventuell mit Milch oder Schlagobers mischen)
40 g Butter oder Öl
100 g grob gehackte helle oder dunkle Kuvertüre (auch Schokolade oder -linsen)
eventuell Vanillezucker, Honig oder Ahornsirup, Birnendicksaft oder Zucker

1. Wasser und Butter oder Öl aufkochen.

2. Schokolade darin schmelzen und gut durchrühren.

3. Je nach gewünschtem Aroma und gewünschter Süße mit Vanillezucker, Honig etc. aromatisieren.

4. Nach Belieben verwenden oder gut verschlossen im Kühlschrank aufbewahren (hält sich einige Tage).

TIPPS

Sobald die Sauce abkühlt, kann diese etwas eindicken. Mit eingerührtem Läuterzucker, Milch oder Wasser kann sie jedoch wieder auf die gewünschte Konsistenz verdünnt werden.

Übrig gebliebene Schokoladensauce lässt sich mit etwas Milch aufkochen und mit dem Mixstab zu köstlicher heißer Schokolade aufmixen. In ein Glas gießen und genießen!

Variationsmöglichkeiten

- Verarbeiten Sie je nach Verwendung statt Butter auch aromatische Öle, wie etwa Mohn-, Sesam-, Nuss-, Erdnuss- oder Leinöl.

- Sorgen Sie mit frischem, klein gehacktem, kandiertem oder eingelegtem Ingwer, gehacktem Orangeat, Nougat, Amarenakirschen, Pfefferminzaroma, Batida de Coco (Kokoslikör), Kirschwasser, Kaffeeessenz oder -pulver, Eier-, Kirsch- oder Orangenlikör, Barack, Rum oder Mandellikör für neue Geschmacksakzente.

- Die Schokolade kann auch in etwas verdünnter Vanillepuddingsauce aufgelöst werden.

Weichselsauce
Seite 211

Karamellsauce
Seite 209

Pikante Butterbrösel
Seite 200

Apfelröster
Seite 212

Schokoladensauce
Seite 205

Pikante kalte Rahmsauce
Seite 201

Zimtsauce

20 g Vanillepuddingpulver
450–500 ml Apfel- oder Traubensaft, Milch oder Fond von Dörrzwetschken, Feigen, Kletzen etc.
ca. 70 g Feinkristallzucker nach Belieben
100 ml Schlagobers
ca. 1 TL Zimt
20 ml Rum

1. Das Puddingpulver mit ca. 50 ml Saft oder Fond verrühren.

2. Zucker in einem Topf zu hellem Karamell schmelzen, mit dem restlichen Fond ablöschen und Schlagobers zugießen. Zimt einrühren und ca. 5 Minuten leicht köcheln lassen.

3. Angerührtes Puddingpulver mit dem Schneebesen in die kochende Flüssigkeit einrühren und eindicken lassen. Abkühlen lassen und dann mit Rum aromatisieren.

4. Je nach gewünschter Konsistenz so verwenden oder mit etwas Flüssigkeit verdünnen.

Kanarimilch

20 g Vanillepuddingpulver
500 ml Milch
3–4 Eigelb
30–50 g Zucker
20 g Vanillezucker

Verwendung
Zu Topfenstrudel, aber auch zu anderen warmen Mehlspeisen wie etwa Dukatenbuchteln etc.

1. Puddingpulver in einer kleinen Schüssel mit wenig Milch und Eigelben verühren.

2. Restliche Milch mit Zucker und Vanillezucker aufkochen, von der Kochstelle nehmen, angerührtes Milch-Eigelb-Puddingpulvergemisch mit dem Schneebesen einrühren und nochmals unter ständigem Rühren kurz aufkochen.

3. Warm servieren.

4. Ursprünglich bekommt die Sauce nur mit dem Eigelb eine Bindung. Die Herstellung erfordert jedoch mehr Erfahrung. Mit Stärke ist man auf der sicheren Seite.

Karamellsauce

100–150 g Zucker oder Rohrzucker
20 g Vanillepuddingpulver
500 ml Milch
20 g Vanillezucker

1. Zucker in einem Topf hellbraun karamellisieren.

2. Inzwischen Puddingpulver in einer kleinen Schüssel mit wenig Milch verrühren.

3. Restliche Milch in das Karamell eingießen und auflösen. Mit Vanillezucker aromatisieren und angerührtes Puddingpulver mit dem Schneebesen einrühren. Unter ständigem Rühren einkochen.

Milchguss

200 ml Milch
2 Eier
50 g Crème fraîche
30 g Vanillezucker

Verwendung
Zum Übergießen von Topfenstrudeln, Topfenpalatschinken etc.

1. In einer Schüssel die Milch mit Eiern und der Crème fraîche gut verrühren.

2. Mit Vanillezucker aromatisieren.

3. Je nach Verwendung etwa nach der halben Backzeit über den Strudel etc. gießen und fertig backen, bis der Guss schön gestockt ist.

Variationsmöglichkeiten

- Verfeinern Sie den Guss – je nach verarbeiteter Füllmasse – auch noch mit bis zu 40 ml Eier-, Kaffee-, Orangen-, Limetten- oder Nusslikör.

Schnelle Sauerrahmsauce, süß

125 g Sauerrahm
1 TL fein gesiebter Puderzucker
10–20 ml Zitronensaft
Prise Vanillezucker
Pfefferminz- oder Zitronenmelissenblätter nach Belieben zum Garnieren

Verwendung
Als Garnitur für süße Strudel

1. In einem Schüsselchen den Sauerrahm mit Zucker und Zitronensaft gut verrühren.

2. Mit einer Prise Vanillezucker abschmecken.

3. Strudel damit umgießen und nach Belieben mit frischen Minzeblättern garnieren.

Variationsmöglichkeiten

- Süßen Sie statt mit Zucker mit Honig, Ahornsirup, Marmelade oder feiner Karamellsauce. Aber auch selbst hergestellter Orangen-, Zitronen- oder Limettenzucker eignet sich hervorragend als Süßmittel.
- Schmecken Sie anstelle von Zitronensaft mit Orangen-, Limetten- oder Grapefruitsaft ab.
- Verfeinern Sie die Rahmsauce mit Bittermandel- oder Rosenöl.
- Zaubern Sie mit gemahlenem Mohn oder gerösteten Nüssen eine neue Geschmacksnuance in die Sauce.
- Färben Sie die Rahmsauce mit Kakaopulver ein.
- Für pikante Rahmsauce würzen Sie statt mit Zucker mit Salz, Pfeffer, Muskatnuss und Kräutern.

Weichselsauce

250 ml Weichselsaft
(Kompottsaft)
10 g Vanillepuddingpulver
50 g Honig
10 g Vanillezucker
20 ml Rum, Kirschwasser oder
Weinbrand
200 g entsteinte Weichseln
oder Kirschen

1. Etwas Weichselsaft mit Puddingpulver glatt rühren.

2. Restlichen Saft mit Honig und Vanillezucker aufkochen und mit dem angerührten Puddingpulver eindicken lassen.

3. Rum sowie Weichseln einrühren und abschmecken.

Variationsmöglichkeiten

- Verwenden Sie anstelle von Honig Zucker und karamellisieren Sie diesen. Dann mit Weichselsaft aufgießen.
- Mischen Sie Weichselsaft mit Rotwein oder verwenden Sie nur Rotwein.
- Aromatisieren Sie mit Zimt, Lebkuchengewürz, Nelken, Bittermandelöl oder Orangenschale.
- Lösen Sie 40 g Bitterschokolade in der heißen Weichselsauce auf.

Apfelröster

70 g Feinkristallzucker
20 ml Wasser
200 ml Apfel- oder Orangensaft (oder beliebiger Fruchtsaft)
250 ml Weißwein
ca. 10–15 g Maizena oder Vanillepuddingpulver
900 g (ca. 1,3 kg ungeschälte) Apfelwürfel oder -spalten (Boskop, Jonagold, Cox Orange, Elstar)
10–20 ml Zitronensaft
etwas Lebkuchengewürz, geriebene Muskatnuss und Orangenzucker
Weinbrand, Rum, Orangen- oder anderer Likör zum Aromatisieren
Hochprozentiger Alkohol nach Bedarf zum Konservieren

Garniturempfehlung

Vanille- oder Zimteis bzw. -sorbet

Verwendung

Dieser Röster passt besonders gut zu Topfen-, Grieß-, Milchrahmstrudel, aber auch zu anderen warmen Mehlspeisen. Er könnte jedoch sogar unter fertiges Rotkraut gemischt und als Beilage zu Wild, Ente oder Gans serviert werden.

1. In einem Topf Zucker mit Wasser vermengen und unter wiederholtem Rühren zu hellem Karamell kochen.

2. Mit Apfelsaft und Weißwein ablöschen und einige Minuten kochen lassen, bis der Zucker gut aufgelöst ist (je länger die Flüssigkeit kocht, umso dicklicher wird diese).

3. Maizena mit wenig kaltem Wasser anrühren, zugeben und nochmals kurz kochen lassen.

4. Apfelwürfel untermengen und so lange darin weich dünsten, bis die gewünschte Konsistenz erreicht ist.

5. Mit Zitronensaft, Gewürzen und Alkohol nach Belieben abschmecken.

6. Abkühlen lassen und servieren oder für eine längere Lagerung in sehr heiß ausgespülte Einmachgläser füllen, mit einigen Tropfen hochprozentigem Alkohol beträufeln und anzünden. Deckel verschließen und kühl sowie dunkel lagern.

Variationsmöglichkeiten

- Marillen-, Pfirsich-, Holunder-, Weintrauben-, Rhabarber- oder Kirschenröster bereiten Sie nach demselben Rezept zu.
- Aromatisieren Sie zusätzlich mit Zimt, gemahlenem oder kandiertem Ingwer.
- Anstelle von Weißwein kann auch Rotwein, Punsch, Glühwein, Apfel- und Traubensaft verwendet werden.
- Schmecken Sie mit Zitronenlikör ab.
- Mengen Sie Rosinen oder Mandelblättchen unter.
- Verzichten Sie auf die Zubereitung des Karamells und süßen Sie stattdessen mit Honig oder Ahornsirup.
- Wenn Sie den Grundansatz mit etwas Obers verfeinern, so erhält der Röster eine völlig neue Geschmacksnote.
- Verfeinern Sie den Röster vor dem Anrichten mit etwas Preiselbeermarmelade.
- Binden Sie statt mit Maizena mit Pfeilwurzelmehl (im Reformhaus erhältlich).
- Besonders gut und lange haltbar bleibt der Röster, wenn er zusätzlich im Dampfgarer oder Einkochtopf eingekocht wird.

Zimtzucker

250 g Feinkristallzucker
ca. 5–6 g gemahlener Zimt, je nach Geschmack

Verwendung
Zum Verfeinern und Aromatisieren von Füllmassen und anderen warmen Mehlspeisen, etwa Obstknödeln etc.

1. Zucker und Zimt in einer Schüssel gut miteinander vermengen.

2. In ein Glas füllen und gut verschlossen aufbewahren.

Variationsmöglichkeit

- Je nach weiterer Verwendung kann die Zuckermischung auch mit Kakaopulver eingefärbt werden.

Zuckerbrösel (Butterbrösel)

100 g Butter oder Butterschmalz
130–200 g Semmel-, Weißbrot-, Toast-, aber auch Schwarzbrotbrösel
ca. 60 g Feinkristallzucker, je nach gewünschter Süße
10 g Vanillezucker (ca. 1 EL)
etwas Zimt

Verwendung
Zum Bestreuen von ausgezogenem Strudelteig, aber auch zum Verfeinern von Füllmassen, etwa Obstfüllungen

1. In einer Pfanne die Butter langsam schmelzen.

2. Vom Herd nehmen und mit Bröseln, Zucker, Vanillezucker sowie Zimt abschmecken.

Variationsmöglichkeiten

- Je nach Strudel können die Brösel durch die Zugabe von Mohn, Lebkuchenbröseln, Krokantbröseln, Nelkenpulver, Lebkuchengewürz, Kokosflocken oder Kakaopulver verfeinert werden.
- Mischen Sie unter die Zuckerbrösel auch noch gemahlene Nüsse oder Kerne (Mandeln, Wal-, Hasel-, Pekan-, Macadamia- oder Erdnüsse, Sesam, Kürbiskerne, Sonnenblumenkerne etc.) bzw. Nusskrokant.
- Aromatisieren Sie die Brösel mit Zitronen- oder Orangenzucker.
- Ersetzen Sie die Hälfte der Brösel durch Kokosflocken oder Mohn.
- Verwenden Sie statt Semmelbröseln auch geriebene Keksreste.
- Die Brösel können noch zusätzlich im Backofen bei 165 °C geröstet werden, oder Sie lassen sie auf dem Herd vorsichtig Farbe annehmen, wobei allerdings darauf zu achten ist, dass sie nicht zu dunkel geraten.

Brösel von entrindetem Weißbrot (Mie de Pain)

Weiches Weiß- oder Toastbrot oder Semmeln nach Belieben

Verwendung
Ideal zum Binden von Teigen und Massen, da diese Brösel weich sind und von der Masse gut aufgenommen werden

1. Die Rinde mit einem scharfen Messer von Brot oder Semmeln abschneiden (und evtl. zu Bröseln reiben).

2. Entrindetes Brot in grobe Stücke schneiden und in einer Küchenmaschine fein zerkleinern. Nach Bedarf weiterverarbeiten.

TIPP
Da diese Brösel rasch austrocknen, ist es ratsam, nicht benötigte Brösel in kleineren Mengen in Frischhaltedosen oder Säckchen zu füllen und tiefzukühlen. Haben Sie einmal keine Weißbrotbrösel vorrätig, so können diese auch durch Semmelbrösel ersetzt werden, wodurch sich allerdings die Konsistenz und Bindung der jeweiligen Masse verändern kann.

Variationsmöglichkeit

- Das entrindete Weißbrot nur in kleine Würfel schneiden und nicht cuttern, auch damit können Massen gebunden werden, wobei auch in diesem Fall die Bindefähigkeit von der Trockenheit des Brotes abhängt. Je trockener das Brot ist, umso mehr Flüssigkeit nimmt es auf. Daher kann es bei Strudelfüllungen, die mit Brot gebunden werden, zu unterschiedlichen Ergebnissen kommen.

Rum-Rosinen

250 g Rosinen oder Korinthen
250 ml Rum 38 Vol.-%
(oder gemischt mit Läuterzucker etc. siehe Variationsmöglichkeiten)

1. Die getrockneten Rosinen mit der jeweiligen Flüssigkeit übergießen und am besten 2 Tage ziehen lassen, da dadurch das Aroma intensiver wird. Dafür die eingeweichten Rosinen in ein Schraubglas geben und gut verschlossen lagern.

Variationsmöglichkeiten

- Verwenden Sie statt Rum oder einer Teilmenge Rum auch Wein, Portwein, Punsch oder Glühweinmischung.

- Für alkoholfrei eingeweichte Rosinen erhitzen Sie Fruchtsirup oder -saft, aber auch Tee, und marinieren Sie die Rosinen darin. Aber Achtung: Die in Alkohol eingelegten Rosinen haben ein längeres Haltbarkeitsdatum als jene ohne Alkohol.

Krokant

150 g Feinkristall- oder Gelbzucker
150 g beliebige ganze Nüsse (Hasel-, Para-, Wal-, Pekan-, Erd-, Macadamianüsse, Mandeln, Cashew-, Kürbis- oder Sonnenblumenkerne, Sesam oder eine beliebige Mischung)

1. Ein Backblech mit Backpapier auslegen oder gut mit Öl bestreichen.

2. Zucker in einer beschichteten Pfanne erhitzen und karamellisieren.

3. Nüsse zugeben, leicht rösten bzw. bräunen lassen und auf das vorbereitete Backblech (oder auf eine Backmatte) geben. Mit einer zweiten Backmatte abdecken und mit einem Nudelholz auseinanderdrücken.

4. Erkalten lassen und je nach weiterer Verwendung grob zerbrechen, reiben oder in der Küchenmaschine zerkleinern. Nicht verwendetes Krokant gut verschlossen lagern, denn es zieht sofort Feuchtigkeit an und wird dadurch zäh!

TIPP
Nicht benötigtes Krokant mit Butterbröseln vermengen und zu süßen Knödeln servieren oder als Garnitur zu Eis, Parfaits oder Desserts reichen.

Variationsmöglichkeit

- Für eine dünne Krokantplatte am besten Sesam oder Sonnenblumenkerne verwenden und die Masse zwischen zwei Silikonbackmatten dünn ausrollen. Bei Bedarf beliebige Stücke abbrechen.

Maronisauce

20 g Vanillepuddingpulver
500 ml Milch
30–50 g Zucker
20 g Vanillezucker
100 g Maronipüree
Schuss Grappa oder Cognac

1. Puddingpulver in einer kleinen Schüssel mit wenig Milch verrühren.

2. Restliche Milch mit Zucker und Vanillezucker aufkochen, angerührtes Puddingpulver mit dem Schneebesen einrühren und unter ständigem Rühren einkochen.

3. Vom Herd nehmen und das Maronipüree einrühren.

4. Mit einem Schuss Grappa oder Cognac abschmecken.

Glossar

Abschrecken – etwas mit kaltem Wasser abschwemmen

Abtrieb – mit Butter abgerührte Zutaten (Eier, Zucker etc.)

Anschwitzen – etwas kurz in Fett hell anrösten

Ausziehen – den typischen Strudelteig nach dem Ausrollen mit beiden nach oben gewandten Handrücken möglichst dünn ausziehen; eine alte Hausfrauenregel besagt, dass man eine dahinter befindliche Zeitung lesen können sollte

Biskotten – Löffelbiskuit

Blaukraut – Rotkraut

Blunzen – Blutwurst

Brösel – Semmelbrösel, Paniermehl

Butterziegel – meist mit Mehl vermengte Butter, die für die Zubereitung von Blätter- oder Plunderteig zu einem Block geformt und dann in den Vorteig eingearbeitet wird

Eierschwammerl – Pfifferlinge

Faschiertes – etwas, vor allem Fleisch, durch den Fleischwolf drehen

Fisolen – grüne Bohnen

Germ – Hefe

Grammeln – Grieben

Läuterzucker – klar gekochter, abgeschäumter Zuckersirup

Marille – Aprikose

Maroni – Edelkastanien

Mehlspeise – österreichischer Ausdruck für gebackene Süßspeisen

Obers – süße Sahne

Palatschinken – Eierkuchen, Pfannkuchen

Powidl – sämiges Zwetschkenmus

Rahm – Kurzwort für Sauerrahm

Rohrzucker – alte Bezeichnung für Saccharose (Haushaltszucker), der – im Gegensatz zu unserem aus der Zuckerrübe hergestellten Zucker – ausschließlich aus Zuckerrohr hergestellt wurde

Rohzucker – hell- bis dunkelbrauner Kristallzucker, der noch nicht völlig gereinigt bzw. raffiniert ist; wird in der süßen Küche gerne verwendet, ist aber nicht gesünder als Kristallzucker

Röster – gedünstetes Obst

Rotkraut – Rotkohl

Schlagobers (Obers) – süße Sahne

Schüsseltrick – eine Schüssel mit heißem Wasser ausspülen und die erwärmte Schüssel über den Strudelteig stülpen; der Teig wird dadurch während der Ruhezeit erwärmt und lässt sich leichter ausrollen bzw. ausziehen

Semmel – Brötchen

Semmelbrösel – Paniermehl

Strudeltuch – großes Baumwolltuch, auf dem der Strudelteig zunächst ausgerollt und dann ausgezogen wird; dafür muss das Tuch mit Mehl bestreut werden

Topfen – Quark

Tour – Arbeitsgang bei der Herstellung von Blätterteig

Weichsel – Sauerkirsche

Zusammenschlagen – einen nach dem Ruhenlassen aufgegangenen Teig kräftig durchkneten, wodurch der Teig feinporiger wird

Zwetschke – Pflaume

Rezeptregister alphabetisch

A

Apfelröster 212
Apfelstrudel I 104
Apfelstrudel II 108
Apfelstrudel mit Milch 112
Apfelstrudel mit Mürbteig 110
Apfelstrudel mit Topfen 113

B

Baklava 116
Bananenstrudel 150
Beerenstrudel 147
Birnen-Lebkuchen-Strudel 153
Biskuitmasse 196
Blätterteig 180
Blätterteigschnitten 164
Blaukrautstrudel 37
Blunzenstrudel 92
Blunzenstrudel mit Früchtekraut 94
Bohnenstrudel mit Schafkäse oder Ziegenkäse 29
Bohnenstrudel nach Art von Karl Rathmanner 27
Brösel von entrindetem Weißbrot (Mie de Pain) 214
Buchweizenstrudel 64
Butterbrösel, pikant 200

C

Couscous-Strudel, pikant 101

D

Dekor aus Strudelteig 164
Dinkelmürbteig 192
Drei-Farben-Strudel 46

E

Eierschwammerlstrudel 24
Erdbeerstrudel 144

F

Fisch-Kohlrabi-Strudel 78
Fleischstrudel (Suppeneinlage) 13
Fleischstrudel 86
Forellenstrudel 79
Fruchtstrudel 139
Frühlingsröllchen 30

G

Gemüsestrudel I 58
Gemüsestrudel II 60
Gemüsestrudel III (mit schneller Kräutersauce) 61
Gemüsestrudel IV 63
Grieß- oder Polentastrudel, gebacken 69
Grießstrudel mit Schokolade 128
Grießstrudel, gekocht 131

H

Hefeteig, kalt 197
Hirsestrudel 57
Hochzeitsstrudel aus dem Karst 159

K

Kalbfleischstrudel 90
Kalbfleischstrudel, gekocht, mit Spinat 15
Kanarimilch 208
Karamellsauce 209
Karotten-Brokkoli-Strudel 65
Karotten-Kokos-Strudel 155
Kartoffelblätterteig (mit und ohne Hefe) 185
Kartoffelroulade mit Maronifülle 75
Kartoffelroulade mit Schwammerlfülle 74
Kartoffelroulade mit Speckfülle 75
Kartoffelroulade mit Spinatfülle 74
Kartoffelroulade-Grundrezept 72
Kartoffelstrudel 70
Kartoffelstrudel mit Kräutern 20
Käsestrudel mit Faschiertem 80
Kastanienstrudel 119
Kohlstrudel mit Lamm 89
Kohlstrudel mit Schafkäse 56
Kokos-Vanille-Sauce 204
Krabbenstrudel 10
Krautstrudel I 32
Krautstrudel II 34
Krautstrudel III 35
Krokant 215
Kürbisstrudel I 40
Kürbisstrudel II 42
Kürbisstrudel III 43
Kürbisstrudel IV 45

L

Lauchstrudel 50
Leberwurststrudel 91
Linsenstrudel mit Speck 38
Lungenstrudel 85

M

Marillenstrudel 143
Marmeladestrudel 154
Maronisauce 215
Mediterraner Hefeteigstrudel 98
Milchguss 209
Milchrahmstrudel I 120
Milchrahmstrudel II 122
Mohnstrudel 132
Mohnstrudel mit Fruchteinlage 138
Mohnstrudel, weiß 135
Mürbteig 187

N

Nussstrudel 115
Nussstrudel mit Honig 118

P

Pilzstrudel 26
Pizza-Hefeteig 197
Pizzastrudel 97
Plunderteig 186
Polentastrudel 23
Powidl-Mohn-Strudel 137

R

Rahm-Apfel-Strudel mit Frittaten 163
Rahmsauce, pikant, kalt 201
Rahmsauce, warm 202
Räucherfischstangen 16
Räucherfischstrudel 19
Reisstrudel mit Kirschen 156
Rum-Rosinen 214

S

Saiblingsstrudel mit Spinat 77
Sauerkraut-Blunzen-Strudel 95
Sauerkrautstrudel mit Camembert 14
Sauerrahmsauce, süß 210
Sauerrahmteig 187
Schinken-Käse-Strudel mit Gemüse 83
Schinkenstrudel 84
Schokoladesauce 205
Schokoladestrudel 149
Schwarzwurzelstrudel 51
Spinatstrudel 39
Spinatštruklji (Slowenischer Spinatstrudel) 52
„Strudelschnitzel", knusprig paniert 165
Strudelröllchen 9
Strudelteig für gekochten Strudel 178
Strudelteig mit Eigelb 179
Strudelteig mit Joghurt 178
Strudelteig-Grundrezept 176
Strudelteigsäckchen 8
Strudelteigsäckchen mit Marillen-Topfen-Fülle 166
Strudelteigsäckchen mit süßer Grießfülle 167
Strudelteigsäckchen, geflämmt 167
Strudelteigsäckchen, offen 166
Strudelteigtörtchen 162

T

Teig für asiatische Füllungen 194
Teigfladen (Zelten) 162
Teigknusperchen 165
Tofustrudel mit Auberginen 66
Tomatenblätterteig 184
Topfenmürbteig 190
Topfenmürbteig mit Öl 191
Topfenstrudel I 123
Topfenstrudel II 124
Topfenstrudel im Wandl 127
Topfenstrudel mit Weißbrot 126
Topfenteig 194

U

Ungarischer Krautstrudel 36

V

Vanillesauce 203
Vanillesauce mit Schlagobers 204
Vollkornmürbteig 193
Vollkornstrudelteig 179
Vollkorntopfenteig 195

W

Waldviertler Weißmohnstrudel 134
Weichsel- oder Kirschenstrudel 146
Weichselsauce 211
Weintraubenstrudel 119

Z

Zimtsauce 208
Zimtzucker 213
Zucchinistrudel 55
Zuckerbrösel (Butterbrösel) 213
Zwetschkenstrudel 140
Zwiebelsauce 200

Rezeptregister nach Kapiteln

Strudel als Suppeneinlage, Beilage und Zwischengericht

Strudelteigsäckchen 8
Strudelröllchen 9
Krabbenstrudel 10
Fleischstrudel (Suppeneinlage) 13
Sauerkrautstrudel mit Camembert 14
Kalbfleischstrudel, gekocht, mit Spinat 15
Räucherfischstangen 16
Räucherfischstrudel 19
Kartoffelstrudel mit Kräutern 20
Polentastrudel 23
Eierschwammerlstrudel 24
Pilzstrudel 26
Bohnenstrudel nach Art von Karl Rathmanner 27
Bohnenstrudel mit Schafkäse oder Ziegenkäse 29
Frühlingsröllchen 30
Krautstrudel I 32
Krautstrudel II 34
Krautstrudel III 35
Ungarischer Krautstrudel 36
Blaukrautstrudel 37
Linsenstrudel mit Speck 38
Spinatstrudel 39
Kürbisstrudel I 40
Kürbisstrudel II 42
Kürbisstrudel III 43
Kürbisstrudel IV 45
Drei-Farben-Strudel 46

Strudel als pikantes Hauptgericht

Lauchstrudel 50
Schwarzwurzelstrudel 51
Spinatštruklji (Slowenischer Spinatstrudel) 52
Zucchinistrudel 55
Kohlstrudel mit Schafkäse 56
Hirsestrudel 57
Gemüsestrudel I 58
Gemüsestrudel II 60
Gemüsestrudel III (mit schneller Kräutersauce) 61
Gemüsestrudel IV 63
Buchweizenstrudel 64
Karotten-Brokkoli-Strudel 65
Tofustrudel mit Auberginen 66
Grieß- oder Polentastrudel, gebacken 69
Kartoffelstrudel 70
Kartoffelroulade-Grundrezept 72
Kartoffelroulade mit Schwammerlfülle 74
Kartoffelroulade mit Spinatfülle 74
Kartoffelroulade mit Speckfülle 75
Kartoffelroulade mit Maronifülle 75
Saiblingsstrudel mit Spinat 77
Fisch-Kohlrabi-Strudel 78
Forellenstrudel 79
Käsestrudel mit Faschiertem 80
Schinken-Käse-Strudel mit Gemüse 83
Schinkenstrudel 84
Lungenstrudel 85
Fleischstrudel 86
Kohlstrudel mit Lamm 89
Kalbfleischstrudel 90
Leberwurststrudel 91
Blunzenstrudel 92
Blunzenstrudel mit Früchtekraut 94
Sauerkraut-Blunzen-Strudel 95
Pizzastrudel 97
Mediterraner Hefeteigstrudel 98
Couscous-Strudel, pikant 101

Süße Strudel von warm bis kalt zum Vernaschen

Apfelstrudel I 104
Apfelstrudel II 108
Apfelstrudel mit Mürbteig 110
Apfelstrudel mit Milch 112
Apfelstrudel mit Topfen 113
Nussstrudel 115
Baklava 116
Nussstrudel mit Honig 118
Kastanienstrudel 119
Weintraubenstrudel 119
Milchrahmstrudel I 120
Milchrahmstrudel II 122
Topfenstrudel I 123
Topfenstrudel II 124
Topfenstrudel mit Weißbrot 126
Topfenstrudel im Wandl 127
Grießstrudel mit Schokolade 128
Grießstrudel, gekocht 131
Mohnstrudel 132
Waldviertler Weißmohnstrudel 134
Mohnstrudel, weiß 135
Powidl-Mohn-Strudel 137
Mohnstrudel mit Fruchteinlage 138
Fruchtstrudel 139
Zwetschkenstrudel 140
Marillenstrudel 143
Erdbeerstrudel 144
Weichsel- oder Kirschenstrudel 146
Beerenstrudel 147
Schokoladestrudel 149
Bananenstrudel 150
Birnen-Lebkuchen-Strudel 153
Marmeladestrudel 154
Karotten-Kokos-Strudel 155
Reisstrudel mit Kirschen 156
Hochzeitsstrudel aus dem Karst 159

Die besten Ideen für die Verwertung von Strudelresten

Strudelteigtörtchen 162
Teigfladen (Zelten) 162
Rahm-Apfel-Strudel mit Frittaten 163
Blätterteigschnitten 164
Dekor aus Strudelteig 164
„Strudelschnitzel“, knusprig paniert 165
Teigknusperchen 165
Strudelteigsäckchen, offen 166
Strudelteigsäckchen mit Marillen-Topfen-Fülle 166
Strudelteigsäckchen mit süßer Grießfülle 167
Strudelteigsäckchen, geflämmt 167

Strudelteig – Grundrezepte und Basiswissen

Strudelteig-Grundrezept 176
Strudelteig für gekochten Strudel 178
Strudelteig mit Joghurt 178
Vollkornstrudelteig 179
Strudelteig mit Eigelb 179
Blätterteig 180
Tomatenblätterteig 184
Kartoffelblätterteig (mit und ohne Hefe) 185
Plunderteig 186
Sauerrahmteig 187
Mürbteig 187
Topfenmürbteig 190
Topfenmürbteig mit Öl 191
Dinkelmürbteig 192
Vollkornmürbteig 193
Topfenteig 194
Teig für asiatische Füllungen 194
Vollkorntopfentei 195
Biskuitmasse 196
Hefeteig, kalt 197
Pizza-Hefeteig 197

Pikante Garnituren, süße Saucen und Cremes

Zwiebelsauce 200
Butterbrösel, pikant 200
Rahmsauce, pikant, kalt 201
Rahmsauce, warm 202
Vanillesauce 203
Vanillesauce mit Schlagobers 204
Kokos-Vanille-Sauce 204
Schokoladesauce 205
Zimtsauce 208
Kanarimilch 208
Karamellsauce 209
Milchguss 209
Sauerrahmsauce, süß 210
Weichselsauce 211
Apfelröster 212
Zimtzucker 213
Zuckerbrösel (Butterbrösel) 213
Brösel von entrindetem Weißbrot (Mie de Pain) 214
Rum-Rosinen 214
Krokant 215
Maronisauce 215

Die Autoren

Ingrid Pernkopf, geboren in Gmunden am Traunsee, führte von 1989 bis 2016 gemeinsam mit ihrem Mann Franz das Gasthaus „Grünberg am See". Im Pichler Verlag erschienen von ihr zahlreiche Kochbuch-Bestseller, wie etwa „Die Vorratsbibel", „Die Österreichische Küche", „Oberösterreichische Küche", „Süßes Österreich" und zuletzt „Knödelschatz" (2021). Im August 2016 verstarb Ingrid Pernkopf nach kurzer, schwerer Krankheit.

www.gruenberg.at

Renate Wagner-Wittula, aufgewachsen in Linz, hat sich als Autorin ganz der österreichischen Kochkultur und den Geschichten „hinter dem Genuss" verschrieben. Sie zeichnet für eine Vielzahl erfolgreicher Pichler-Kulinariktitel (mit) verantwortlich und arbeitete u. a. eng mit Christoph Wagner, Ingrid Pernkopf, Adi Bittermann und Ulli Amon-Jell zusammen. Sie ist als Mitherausgeberin des jährlich erscheinenden „Wirtshausführer" ganz am Puls der regionalen Küche.

Landhotel Grünberg am See

Idyllisch am Traunseeostufer liegt das Landhotel Grünberg. Verbringen Sie Traumtage am Traunsee mit Wanderungen, Badespaß am hauseigenen Badestrand, Ruder- oder Elektrobootfahren. Wasserski-, Segel- oder Surfschule sind nur wenige Gehminuten entfernt. Biken auf der Salzkammergut-Radstrecke, Fliegenfischen oder sich einfach „erholen" im familiengeführten Landhotel Grünberg am See.

Die Pernkopf Genusskochschule

Bei einem Kochkurs lernen Sie Spezialitäten der österreichischen Küche kennen und auch selbst zu kochen. Gekocht wird in gemütlichem Rahmen in einer multifunktionalen Küche, die keine Wünsche offen lässt. Intensive Kommunikation, Motivation und Entwicklung von Gruppendynamik passieren in lockerer, zwangloser Atmosphäre. Verlassen Sie einmal Ihren gewohnten Arbeitsplatz und verbringen Sie einen Kochabend, einen ganzen Kochtag oder eine Tagung mit anschließendem Kochevent in unserer Kochschule.

Landhotel Grünberg am See
Hotel & Gastronomie
Traunsteinstraße 109
4810 Gmunden
Tel.: +43 (0) 7612 77 700
hotel@gruenberg.at
www.gruenberg.at

STYRIA
BUCHVERLAGE

in der Verlagsgruppe Styria GmbH & Co KG
Wien – Graz

ISBN 978-3-222-14052-5

Bücher aus der Verlagsgruppe Styria gibt es
in jeder Buchhandlung und im Online-Shop
www.styriabooks.at

Covergestaltung: Stefanie Wawer
Layout und Buchgestaltung: Stefanie Wawer
Projektleitung und Redaktion: Jasmin Parapatits
Fotos: Frauke Antholz

Druck und Bindung: Neografia
Printed in the EU
7 6 5 4 3 2 1

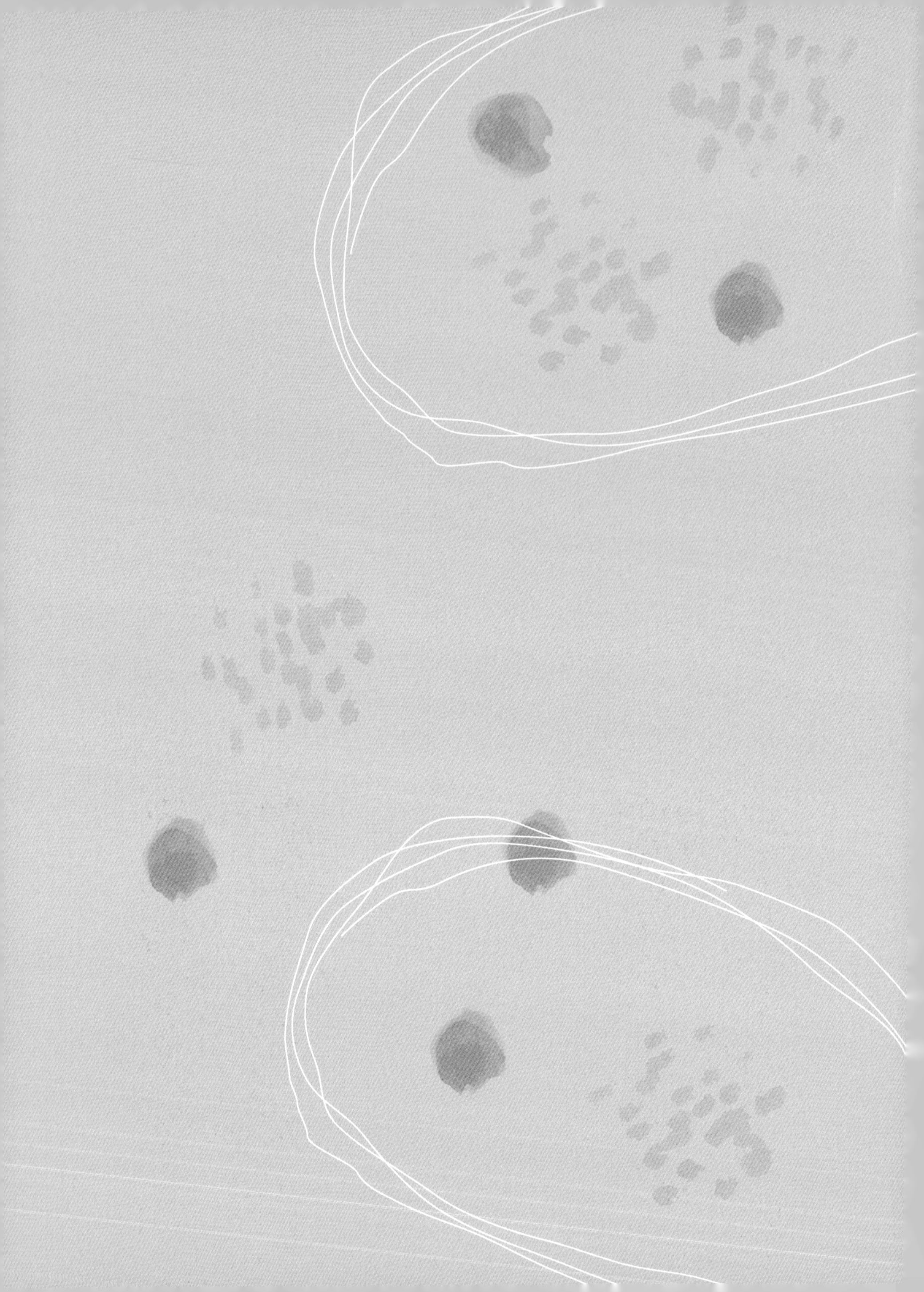